궤도 밖으로

궤도 밖으로

김혜정
신정환
이주영
정 현
호랭이
송민석
정현두
최다솜

우리의 지구는 비상이다. 눈에 보이지 않는 바이러스가 지구인들을 공격하고 있다. 우리는 바이러스와의 전쟁에서 이기기 위해 각자의 시공간에 틀어박히는 전략을 선택했다. 타인과 교류하지 못하는 시간은 지겨웠고, 박차고 나갈 탈출구가 없는 공간은 갑갑했다. 그렇게 2년 넘게 버티다시피 이어온 전쟁도 이제 끝이 보인다. 승패를 가릴 수 없는 바이러스와의 전쟁에서 우리가 얻어낸 것도 있을까?

우리는 가족, 친구, 새로운 사람들과 평범한 일상을 보내는 일이 얼마나 소중한지 깨달았다. 어쩌면 이 책의 저자들도 비슷한 이유로 모였을지 모른다. 우리는 한 권의 책을 완성함으로써 표현하고 싶은 욕구와 연결되고 싶은 갈망을 해소하고 싶었다. 우리는 내면 깊숙한 곳에 담아두었던 진심을 숨김없이 표현했다. 그리고 이제는 여덟 명의 진심이 더 많은 사람에게 연결되기를 바란다.

〈궤도 밖으로〉를 통해서 같은 시대를 살아가는 우리가 가치관이 다르다는 이유만으로 서로를 파괴하지 않았으면 한다. 같은 공간에 있는 우리가 군중 속의 고독을 느끼지 않도록 서로를 보듬어주었으면 한다. 지금 이 시대를 살아가고 있는 모든 지구인에게 우리의 책에 영감이 되어 준 것에 감사를 전한다. 끝으로 서로 단절되었던 2년이라는 시간이 조금이나마 치유되기를 소망한다.

- 공동저자 中 김혜정

차 례

내일이라는 가능성

김혜정

김혜정   삶을 기록하는 것은 의미 있는 일이다. 과거로부터 이어지는 현재를 기
        억하고 미래가 될 수 있는 현재를 준비할 수 있다. 나일 수도, 너일 수도
        있는 보편적인 것들을 떠올리며 나의 과거가 너의 현재를, 너의 현재가
        나의 미래를 서로 채워간다. 기록은 우리의 삶을 연결하는 힘을 가지고
        있다는 것을 증명해내고 싶다. 저자가 발표한 책 <그림자를 바라보며>
        중 단편소설 <다시 만난 세계>는 그의 첫 작품이다.

그곳에 서서

"우리 오랜만에 성수동 가볼까? 우리 다니던 그 길이 아직 그대로인지 궁금도 하고?"

토요일 오후 다섯 시, 지하철 창문으로 밀려드는 석양을 맞으며 세희와 도운은 서울숲역 사 번 출구에 도착했다. 초록색 돔 형태 지붕의 삼 층 건물이 한눈에 들어올 것이라 기대했다. 이 년 전 까지만 해도 나지막하고 엇비슷한 키의 단독주택들로 가득했던 성수동에서 눈에 띄게 큰 건물은 성동구청 체육회관이 유일했다. 그 건물을 지나 왼쪽에는 일직선의 탁 트인 길 하나가 보이고, 그 길을 따라 오백 미터 정도 걸어가면 예전에 살던 집이 있었다.

그런데 체육회관이 있던 자리에는 삼십 층의 흰색 빌딩이 우뚝 솟아 있었다. 빌딩 통유리창 너머로 거대 디지털 광고판이 영상을 띄우고 있었다. 화려한 불빛 아래 춤추는 아이돌과 대도시의 강물을 가로지르는 큰 다리를 질주하는 B사의 고급 외제 차가 화면을 가득 채웠다. 광고판 화면에서 눈을 떼지 못하고 모여 있는 사람들로 보행이 어려울 지경이었다. 세희와 도운은 낯선 사람들과 어깨를 부딪치지 않으려다 보니 어쩔 수 없이 맞잡은 손을 놓쳤고 양쪽으로 거리를 두고 갈라져 버렸다.

조용한 골목길에 늘어선 푸르른 가로수, 나뭇가지 틈 사이로 비쳐 드는 하늘, 담벼락 옆에서 따스한 햇살에 등을 쪼이는 고양이. 그런 운치를 이제는 찾아볼 수 없었다. 자본주의가 삼켜버리고 상업주의로 물든 성수동 거리를 그 시절 이곳에 살아보지 않았던 사람들은 의식하지 못할 터였다. 하지만 세희는 백 번의 취업 실패로 자존감이 바닥까지 떨어진 자신을 온전히 치유해주던 예전의 성수동이 아닌 것에 눈시울이 붉어지려 했다. 예전의 동네 모습이 겹쳐 보이는 듯했고, 소박했지만 행복했던 자기 모습도 아련하게 떠올랐다.

쭉 뻗은 골목길 초입 바로 오른쪽에는 멕시칸 타코 집과 와인바가 생겼는데, 원래는 허름한 한의원이 있었다. 오래되어 낡은 청록색의 병원 간판 때문에 돌팔이 할아버지가 의사 행세하며 운영하는 병원은 아닐까 의심했던 일이 생각나서 웃음이 났다. 오십 미터 정도 지나 왼편에는 세희가 용돈벌이로 새벽 아르바이트를 하던 마트가 있었는데, 지금은 대기업 편의점이 크기를 확장하여 자리 잡고 있었다. 십 분을 지각해도 웃어 주며 오히려 일주일에 한 번씩은 반찬을 싸 주던 마트 사장님이 그리웠다.

"너무 많이 바뀌어서 모르겠다. 예전에 마트 지나면 바로 너희 집 있지 않았나? 이상하네…"

도운이 주변을 두리번거렸다. 세희가 살던 그 집일 것이다. 세희는 본능적으로 집의 위치가 어디인지 알았고 발걸음을 멈췄다. 도운의 어깨를 톡톡 치며 그를 돌려세우고는 손가락으로 한 지점을 가리켰다. 서울특별시 성동구 성수1가 2동 34번지. 붉은 벽돌의 담장, 이 층으로 올라가는 계단이 밖으로 보이고, 지하로 내려가는 계단은 검은색 철문으로 가려진 집 한 채. 그 집은 흔적조차 남기지 않고 사라진 상태였다.

"혹시나 했는데 역시 없어졌구나…"

공사 현장의 안전을 위한 가설 울타리가 높게 둘러쳐져 있었다. 회색 울타리 위에는 '더불어 사는 활기찬 희망, 성동'이라는 큰 글귀가 적혀 있었다. 그 안에 중장비 크레인의 꼭대기가 보이는 걸 보니, 이미 건물 해체를 마치고 새로운 건축 골조가 세워지는 단계로 보였다. 주인아주머니의 말처럼 새로운 건물주는 현대식으로 설계한 신축 오피스텔을 짓는 모양이었다. 세희는 이 집을 떠나게 된 이유, 그날의 기억이 다시금 떠올랐다. 세희는 부정적인 감정이 자신을 집어삼키기 전에 자리를 떠나고 싶었다. 세희는 도운에게 애써 웃어 보이며 이만 돌아가자는 신호를 보냈다.

젠트리피케이션

세희는 대학교를 졸업하고 회사에 취직한 이후에도 줄곧 성수동에 살았다. 도운과 연애를 시작한 곳이기도 했던 성수동과 뚝섬유원지, 서울숲 일대는 세희에게 고향과도 같은 곳이었다. 충청남도 아산에서 성장한 세희는 복잡한 서울에 적응하는 데 오랜 시간이 필요했다. 그래서 더욱이 정을 붙여 사는 성수동을 떠나는 것은 상상할 수 없는 일이었다.

"아가씨 안에 있어?"

토요일 아침 열 시, 여의도 증권회사에 다니는 세희가 한창 잠들어 있을 때였다. 쾅쾅쾅! 누군가 불끈 쥔 주먹으로 철문을 두드렸다. 밖에서 두드리는 힘 때문인지 유리창마저 세차게 흔들렸다. 휴대폰 알람도 꺼 놓은 채 단잠을 자고 있던 세희는 예기치 못한 소리에 깜짝 놀라며 잠에서 깼다. 어제 새벽 늦게까지 이기지도 못하는 술을 마셔서 얼굴은 퉁퉁 부었고 머리는 사자 갈기처럼 헝클어져 있었다. 주인아주머니의 목소리임을 확인하고는 짜증을 애써 누그러뜨리고 현관문을 살짝 열었다.

"안녕하세요. 아침부터 어떤 일로 오셨어요?"

"왜 이렇게 전화가 안돼? 내 발로 직접 찾아오게 만들어 그래."

"아, 남겨 주신 문자 보고 다시 연락드린다는 게 때를 놓쳤네요. 죄송합니다. 요즘 회사가 바쁜 시즌이라 정신이 없었어요."

"용건만 간단히 할게. 아침부터 미안하긴 한데 단도직입적으로 새집을 구해줘야겠어!"

"네? 이번에 연장 계약하는 걸로 알고 있었는데…"

"나도 내년에 아들내미 장가가는 데 목돈도 필요하고 집값 상승세 탔을 때 팔려고. 이 동네 집값 십 년 동안 요지부동이었는데 재개발한다니까 다들 투자한다고 난리야. 유명 연예인들도 성수동 일대에 건물 통째로 사서 투자 성공했다는 뉴스, 아가씨도 봤죠? 아무튼 나도 아가씨 사정 봐주고 싶은데 이 건물 사겠다는 사람이 기존 임차인 끼고는 절대 거래 안 한다고 하네."

세희는 무슨 말을 어떻게 꺼내야 할지 정신이 멍했다. 갑자기 집에서 나가라고 하는 법이 어디 있냐고 화를 내야 하나. 아니면 성수동 집값이 오르고 있다는 정보를 모르는 바가 아니었으니 순순히 새집을 구해 나가줘야 하나. 옛정을 생각해서 새로운 주인에게 월세만 조금 올리는 조건으로 더 살게 해줄 방법은 없는지 떼를 써볼까. 같은 가격의 새집을 구하기는 어려울 것이 눈에 선했다. 새로운 전월세 계약서를 쓰면 임차보증금이 더 필요할 수도 있으니 은행에서 대출을 끌어야 할수 있었다. 하지만 동정심을 자극해 보려다 가도 세희의 자존심이 허락하지 않았다.

"이 집에서 대학교 때부터 살아서 정리하려면 짐도 많고… 하… 언제까지요?"

"석 달 안에. 근데 빠를수록 좋지. 내가 잘 아는 부동산 소개해줄 테니 거기도 한번 가보고. 그럼 그렇게 알고!"

불과 한 달 전, 세희는 서울 곳곳에서 젠트리피케이션이 우려된다는 기사를 읽었다. 자기와는 크게 관련이 없으니 마음 쓰지 않았다. 하지만 주인아주머니의 얘기를 듣는 순간 이 집이 아니라 성수동에서 내쫓길 수도 있다는 불안감이 들었다. 서울숲을 중심으로 성수동 일대 낙후된 구도심이 조금씩 바뀌며 상권이 활성화되고 있었다. 언젠가 젠트리피케이션 조짐이 심해지는 것은 전혀 이상한 일이 아니었다. 앞으로는 자기 소유의 집이 없는, 소득 하위 계층의 동네 사람들이 하나둘씩 임대료 상승을 견디지 못하고 성수동을 떠날 것이다.

　인제야 세희는 꿈이 아닐까 하는 생각에 양손으로 자기 볼을 찰싹 두들겼다. 손 힘이 가해지니 얼굴에서 얼얼한 통증이 느껴졌다. 거부할 수 없는 현실임이 분명했다. 주말 아침부터 갑작스러운 퇴거 통보를 받으니 모자랐던 잠도 확 달아났다. 무엇을 해도 운이 따라주지 않는 날이 있는데 그게 오늘인가 싶었지만, 이 주 만에 데이트 약속이 있는 세희는 오랜만의 만남으로 들떠 있을 도운을 실망하게 하고 싶지 않았다. 주인아주머니가 떠나고 한참 뒤에도 잠이 오지 않던 세희는 피곤한 상태 그대로 외출을 준비했다.

하고 싶지만 하기 싫은 말

"을지로4가역에서 만나. 오늘 냉면 먹어야겠어."

토요일 오후 한 시 반, 도운은 초조하게 세희를 기다렸다. 무더운 날씨와는 상관없이 둘은 기분이 나쁜 일이 있거나 축하할 일이 생기면 약속이라도 한 듯이 냉면을 먹었다. 세희가 힘 없이 계단을 올라오는 것을 보고, 도운은 세희의 심리 상태를 금세 알아차렸다. 세희는 도운과 눈을 마주쳤지만 반가운 기색을 보이지 않았다. 세희는 식당까지 땅만 보고 걸었고, 젓가락질을 몇 번 하다가 냉면 한 그릇을 다 먹지 못하고 남겼다. 도운은 무슨 사정이 있는 것인지 세희에 대한 걱정이 더욱 커졌다.

"안색이 안 좋네. 무슨 일이길래 그래?"

"지금은 말고. 생각 정리되면 말할게. 일단 어디 좀 쉴 수 있는 데로 가자."

"식당 오른쪽 큰 도로는 시끄럽고, 왼쪽으로 가자. 그쪽에서 조용한 카페 봤던 것 같다."

도운은 말에 신중을 기하면서 세희의 기분을 맞춰주려고 애썼다. 하지만 세희는 카페로 자리를 옮겨서도 휴대폰에서 눈을 떼지 못했다. 세희는 업무 특성상 파란색, 빨간색으로 오르내리는 주식 거래 차트를 확인하는 일이 잦았다. 하지만 오늘은 평소와 달리 개인적인 일로 머릿속이 복잡한 듯했다. 도운은 데이트하는 내내 아무 말도 꺼내지 않는 세희에게 서운했다. 도운은 유령으로 취급받는 듯한 느낌을 받으

며, 세희와 지금 함께 있는 것보다 각자 집으로 돌아가는 게 더 낫다고
생각했다.

"나 한 시간 동안 너만 보고 있었어. 너는 휴대폰만 보고. 오늘 말하
기 힘들면 이만 집으로 갈까?"

"아, 미안해. 이렇게 오래 지난 줄은 몰랐네. 사실 아침에 주인 아주
머니가 집에 찾아왔어. 이사 갈 집 구하라고 통보하더라."

"어찌 보면 잘됐네. 이사 가고 싶다고 너도 그랬었고. 지금 사는 그
집, 반지하라서 완전 야생이지. 겨울에는 춥고 건조하고 여름에는 덥
고 습하고. 솔직히 거기보다 더 좋은 집은 많을 거야."

"내가 집이 없어서 걱정인 것 같아? 오빠는 이럴 때 포인트가 나랑
안 맞는다 진짜. 이렇게 당장 나갈 생각은 없었어. 나도 집 구하려면!
아무튼 신경 쓸 게 많다고!"

"네 기분이 왜 나쁜 건지 진짜 이유를 좀 말해봐. 숨기지 말고. 이사
가는 거 때문에 이렇게 우울해하는 거야?"

세희는 도운과 더 이상 대화를 이어 나갈 생각이 없었다. 세희는 물
질적이든, 정신적이든 자신이 해결해 낼 여유가 없다는 것을 들키기
싫었다. '나는 좋은 집을 구할 그럴 돈이 없어', '얼마나 더 견뎌야 행
복해질 수 있는 건지 막막해'. 세희는 일 년 반 도운과 연애하면서 자
신이 가난에 대한 트라우마가 있다는 것과 돈에 대한 목표가 높고 강
하다는 것에 대해 속 깊이 고민을 털어놓은 적이 없었다. 마음을 터놓
고 말한다고 하더라도 위로를 얻는 건 한순간일 뿐, 현실은 바뀌지 않
을 테니 결국 오직 스스로 견뎌내야 하는 것이라고 믿고 있었다.

도운은 어떤 말이라도 좋으니 속 시원하게 세희의 얘기를 듣기를 바랐다. 하지만 어색한 침묵을 깨고 더 물어보는 순간 세희에게 상처를 줄 것만 같았다. 둘은 한참을 카페 테이블만 쳐다보다가 자리에서 일어났다. 지하철역으로 돌아가는 동안 누구 하나 먼저 말을 꺼내지 않았다. 도운은 원래대로라면 세희를 집까지 바래다줄 생각이었다. 하지만 세희는 도운에게 별다른 인사 없이 지하철 개찰구를 통과했다. 도운은 화낼 사람은 자기인데 오히려 화를 내는 세희를 이해할 수 없었다. 세희가 떠나는 뒷모습을 지켜만 볼 뿐이었다.

을지로4가에서 성수동 집으로 돌아오는 내내 세희는 자신을 부정적으로 정의하는 온갖 단어들을 떠올려 조합했다. '야생 같은 반지하에 사는 나', '더 좋은 집은 많아도 갈 수 없는 나'. 세희는 당장이라도 잠을 청하고 싶었지만, 막상 집 앞에 서니 들어가고 싶지 않았다. 붉은 벽돌의 담장을 지나 검은색 철문을 열어 집 문이 보였지만, 반지하로 향하는 계단으로는 한 걸음도 떼어지지 않았다. 신발장과 분리되지 않은 부엌, 요리해 먹은 흔적도 없이 물기 없는 싱크대, 샤워하고 난 습기를 머금은 방 안, 옷장인지 책장인지 구별할 수 없이 비좁은 벽장이 떠올랐다. 몇 초간 미동이 없던 세희는 결국 집 안으로 들어가지 않고 어딘가로 향했다. 세희는 시간을 정해두지 않은 채 정처 없이 걸었고, 걷다 보니 어느새 밤이 되었다.

사랑이란 사치

"엄마, 다음 달부터는 오십 만 원씩 다달이 용돈 드리기 힘들 것 같아요."

"어째 집에 돈 가져다주는 게 아까운 겨?"

"아니 그게 아니라요. 아빠가 퇴직하긴 했어도 연금도 나오고. 오빠랑 동생은 뭐하고 맨날 나만…"

"너처럼 서울 살믄서 번듯하게 돈 잘 버는 회사 다니는 사람이 우리 집에 네밖에 더 있냐? 옆집 지영 엄마는 지영이가 보너스 나왔다고 봉투에 손 하나 안 대고 갖다줬다고 자랑을 을매나 했는디."

"서울 물가가 얼마나 높아졌는지 생각이나 해보셨어요? 제 친구들도 저처럼 용쓰면서는 안 살아요. 고작 반지하 방 벗어나려고 걱정은 안 한다고요."

"그 말이 하고 싶었던 겨? 자주 집에 내려오지도 않으면서! 이럴 거면 앞으로 전화도 하지 말어."

"왜 이런 말을 하는지 물어봐 주실 수는 없어요? 저도 이제 더 이상 기대 안 해요, 가족한테는."

세희는 취업 이후 집에다가 용돈을 조금씩 보냈는데, 이제는 자기 몸 하나 건사하기도 힘들었다. 어머니와 전화 통화가 끝난 후 고맙다는 소리 한마디 듣지 못하고, 오히려 핀잔받은 자신이 바보같이 느껴졌다. 세희의 아버지는 세 남매를 외벌이로 키워냈고 항상 집에서 풍족히 쓸 만큼 월급이 많지도 않았다. 그런데도 집안의 종손으로서 의

무를 다했다. 자녀들 교육하는 것보다 재산을 팔아서라도 조상에게 제
사를 지내는 게 우선이었다.

반에서 일 등을 놓치지 않을 정도로 공부를 잘했지만, 딸이라는 이
유로 세희에게는 경제적 지원이 적었다. 그래도 시골 촌구석의 꽉 막
힌 집안에서 벗어나 서울에 입성하고 싶었다. 세희는 자기 실력보다
낮은 수준의 대학이라도 장학생으로 발탁된 H 대학교에 입학했다. 스
무 살에는 대학교에 다닐 수 있는 것만으로도 만족했지만, 서울에 사
는 다른 친구들과 생활 환경을 비교하며 뒤늦게 더 큰 반항의 시기를
겪었다. '서울의 평범한 가정에서 태어났더라면 돈에 연연하지 않았
을까?'.

다른 친구들이 재미와 경험을 위해 청춘을 바치는 동아리 활동, 여
행, 무일푼 인턴 등 모든 것들을 뒤로 미뤄왔다. 마음속에는 돈을 이겨
내고 싶은 욕망이 가득했다. 돈을 이기기 위해서는 돈을 알아야 했고,
돈으로부터 자유를 얻기 위해서 금융업계로 취업했다. 하지만 이번에
성수동에서 쫓겨나게 된 계기로 빈부격차를 온몸으로 느끼게 되었다.
세희가 돈을 모으는 속도는 언제나 세상이 바뀌는 속도를 따라 갈 수
없었다. '서울에 빚 없는 아파트 한 채' 갖는 것은 절대적으로 이루어
질 수 없는 꿈이었다.

세희는 도운을 만나기 전까지 네 번의 연애를 했다. 매번 연애는 두
해를 넘기지 못했다. 설렘, 뜨거움을 지나 편안함을 안겨주는 연애는
이상하게도 가치를 잃었다. 남들은 오래된 연인 사이의 안정감이 좋다
고들 하는데 세희는 더 가까워지는 관계를 맺는 것이 두려웠다. 힘에

부치는 삶 앞에서는 언제나 사랑은 사치스러운 감정이니까. '어떤 상황에서도' 사랑이 최우선이고, '그럼에도 불구하고' 연인을 지켜낸다는 것은 불가능에 가까웠다. 특히 서른이 가까워지면서부터는 주변 친구들도 학벌, 직업, 사는 곳, 집안 사정까지 현실적인 조건을 보지 않고 사랑을 시작하는 사람을 찾는 것은 드문 일이었다. 세희는 도무지 미래가 보이지 않는 자기 인생에 도운을 끌어들이고 싶지 않았다. 비겁한 이유가 될지 몰라도 도운을 놓아주는 것이 맞다고 생각했다. 세희는 도운에게 전화를 걸어 이별을 통보하기로 결심했다.

"오빠! 내가 어제 데이트 이후에도 쭉 생각해 봤는데. 우리 그냥 헤어지자."

"나 아직 너한테 듣지 못한 말도 있고, 하지 못한 말도 많아. 이렇게 전화로는 안 헤어져."

"얼굴 보고 말할 자신 없어. 나 앞으로도 계속 돈 때문에 좌절할 거고. 가족이랑은 사이도 안 좋아. 내가 이 모양 이 꼴인 게 싫어 죽겠는데 오빠라고 좋겠어? 언젠가는 실망하고 떠날 거야."

"일단 마음 진정하고 좀만 기다려. 집 앞으로 갈게. 만나서 얘기해."

크기만 다를 뿐, 모두의 고민

　도운은 전화를 끊고 다급히 택시를 탔다. 등을 편히 붙이지 못한 채
로 창밖을 내다보았다. 도운은 세희에게 반했던 그날의 기억을 떠올렸
다. 회사의 친한 동기인 혜민의 소개로 처음 만나게 되었다. 첫 만남에
세희는 흰색 블라우스에 하늘색 슬랙스, 굽이 낮은 운동화로 단정하면
서도 활동적인 차림새였다. 도운은 차분하지만 강한 에너지를 가진 세
희가 좋았다.

　증권회사에서 오래 버티는 것이 아니라 빨리 퇴직해서 사업가로 성
공하는 게 꿈이라고 말하는 점도 매력적이었다. 둘은 퇴직 이후 어떤
사업을 하면 좋을지 구상하면서 북 카페나 레코드 바를 돌아다니는 걸
좋아했다. 관심사나 취향이 비슷하니, 둘은 연애하는 동안 크게 다투
는 일이 없었다. 도운은 언제쯤 결혼 얘기를 꺼내면 좋을지 늘 생각했
다. 그래서 세희의 갑작스러운 이별 통보는 믿기지 않았다.

　세희는 도운에게 미련을 남기고 싶지 않았다. 도운이 집 앞에 도착
하면 긴말 없이 택배 상자 하나를 건네주고 돌아서고 싶었다. 세희는
방 안 곳곳을 뒤지면서 도운과의 추억이 담긴 물건을 모조리 꺼냈다.
일주년 기념일 선물로 받은 감색 원피스, 별 모양 귀걸이, 폴라로이드
여행 사진들, 책과 레코드판 몇 개. 그것들을 상자에 담을 때까지만 해
도 세희는 아무렇지 않았다.

　시간의 순서 없이 한가득 쌓여 있는 편지 봉투들을 집어 상자에 옮
겨 넣는데, 엽서 하나가 툭 하고 발밑으로 떨어졌다. 북 카페에 놀러

갔다가 도운이 세희 몰래 산 주황색 엽서였다. 나란히 앉은 두 남녀가 환한 표정으로 서로를 바라보고 있는 그림이었다. 엽서 뒷면에는 도운이 쓴 편지 내용이 보였다. '넌 나를 기대게 하지 않고 일으켜 세워. 나도 너한테 특별한 사람이 되고 싶어.' 어느새 세희가 손에 쥐고 있던 엽서의 검은색 글씨가 물감처럼 번졌다.

"임세희! 아까 한 말 진심이야?"

"이거 가져가… 오빠가 원하는 예쁜 미래는 나한테 없으니까."

"돈? 가족? 그거 때문에 헤어지자고? 우리가 그 정도밖에 안 되는 사이야?"

"응. 오빠 앞에서 나는 더 작아지고 싶지 않아. 힘들고 지치면 사랑이고 뭐고 없어. 다 사라져. 다!"

"미안해… 그날은 내가 실수했어. 네 마음 다독여 주는 게 먼저였는데. 그렇게 집에 돌아온 거 후회됐어."

세희는 도운의 깊고 단단한 눈을 물끄러미 바라봤다. 세희는 그제야 주인아주머니, 어머니와 대화하면서 느꼈던 속마음을 털어놓았다. 도운은 세희의 고민을 들으며, 자신이 충분히 받아들일 수 있는 일이라는 듯 태연했다. 도운도 자기가 치부라고 생각하는 얘기들을 세희에게 꺼냈다. 도운은 술버릇이 나쁜 아버지 때문에 여러 번 가출한 적이 있었다. 최근에는 할아버지 유산을 두고 아버지 형제자매들이 다투는 것을 보고는 집에서 독립하고 싶은 마음이 굴뚝 같다고 말했다. 세희는 저마다 다른 이유일 뿐 모두가 깨부수고 싶은 고민을 하나쯤은 품고 산다는 것을 깨닫게 해준 도운에게 고마웠다.

"세희야, 나도 어렵게 꺼내는 말인데… 나랑 같이 살자."

"뭐? 동거하자는 거야? 아니면…"

"응. 너도 당장 방 빼야 하는데 그걸로 걱정할 바엔 지금부터 합치자고. 순서가 뭐가 중요해! 우리 작게라도 시작해보자. 일단 같이 살면서 아파트 청약도 해보고. 그러다가 결혼식 날짜도 잡고 천천히 같이 준비하자."

"너무 갑작스러워서… 좋은데… 솔직히 지금 대답해도 되는건지 모르겠어…"

"프러포즈는 나중에 다시 할 거고! 지금은 그냥 네 생각을 묻는 거야. 한 사람 월급으로 갚고, 한 사람 월급으로 아껴 쓰면… 나는 우리 둘이 잘 살 수 있을 것 같은데? 주변에 빚 한 푼 없이 시작하는 사람 못 봤어. 신혼집 구하면서 은행에서 이억 원 정도 대출하는 건 기본이고. 그래도 잘만 살더라. 괜찮은 생각이지?"

세희는 가슴을 졸였던 긴장이 풀렸고, 얼떨결에 도운의 말에 고개를 끄덕였다. 둘은 서울 지하철 노선을 따라 각자의 회사에서 출퇴근하기 적당한 거리에 있는 중간 지점을 찾았다. 세희는 도운을 따라 성수동을 떠나서 신도림동으로 이사했다. 둘은 방 두 개, 욕실과 작은 베란다가 딸린 열 평쯤 되는 빌라를 계약했다. 지상 이 층에 위치한 빌라는 사회초년생 둘이 살림하기에 기본적인 여건은 잘 갖추어져 있는 편이었다. 무엇보다 도운과 함께 보내는 시간이 많아지면서 세희는 안정감을 찾아가고 있었다.

"우리 오랜만에 성수동 가볼까?"

세희는 이십 대에 느꼈던 불편한 감정들을 정리하는 동안 일부러 성수동 근처를 찾아가지 않았다. 도운도 세희의 마음을 잘 알아서인지 성수동을 지나가지 않는 다른 방향으로 세희와의 데이트를 이끌었다. 그래서 도운은 이 년 만에 성수동에 가자는 세희의 말에 조금 놀랐다. 성수동으로 향하는 지하철 안에서 둘은 옛 추억을 찾아볼 생각에 조금은 설레고 있었다. 하지만 오랜만에 찾은 동네는 많이 바뀌어 있었고, 세희는 실망한 탓에 신도림동 집으로 돌아오는 길 내내 시무룩했다. 최근에는 영등포 일대가 공공 재개발 정비구역으로 지정되면서, 신도림동 집값도 슬금슬금 오르기 시작했다. 세희는 지금 이곳에서도 오래 정착하지 못할 것만 같은 불안감을 느꼈다.

생의 나침반

세희는 아산을 떠나 힘들게 입성한 서울에서 벗어나고 싶지 않았다. 정확히 말하면 밀려나고 싶지 않았다. 대한민국의 중심인 서울에 산다는 것은 그 자체로 성공한 삶을 증명할 수 있었다. 세희는 가난을 대물리지 않으려면 서울에서 자리를 잡아야 한다고 생각했고, 한 번 밀려나기 시작하면 끝도 없이 무너질까 두려웠다.

"서울에 우리가 살 수 있는 집이 있기나 할까? 우리 전셋집 말이야. 집주인이 재계약 안 해주면 어떻게 하지…?"

"예전 일 생각 나서 그래? 여기는 성수동처럼 인터넷에서 입소문 타면서 유명해지는 동네도 아니고, 주거지역이 잘 형성된 곳이니까 괜찮아. 우리가 이 동네에서 못 살겠다고 먼저 나가지 않는 한은 계속 살 수 있을 거야."

"진짜… 그럴까…?"

도운은 세희가 왜 그런 욕심을 내는지 누구보다 잘 이해했다. 한편으로는 이제는 주어진 현실을 받아들일 필요가 있다는 것을 알고 있었다. 어쩌면 가장이 되어야 하는 책임감이 작용했을지도 모르겠다. 부모님 지원 없이 둘의 경제적 여건으로는 서울에서 투룸 빌라는 구할 수 있었다. 하지만 매번 전세 계약이 끝날 때마다 이사를 고민하는 것은 에너지 소모가 컸다. 서울 살기를 포기하지 못하는 것은 철없는 어린아이 고집에 불과했다.

자기 분수에 맞게 삶의 목표를 정해서 미래를 설계할 필요가 있었

다. 과도한 욕심을 포기하는 것도 진짜 어른으로 성장하는 과정이었
다. 도운은 남들에게 보여주기 위해서가 아니라 둘의 내실 있는 결혼
생활을 위해서 '어떤 집이 정말 필요한지' 고민했다. 도운은 점점 과포
화 상태가 되어가는 노른자 땅 서울을 벗어나 경기도로 시야를 넓혀
보자고 세희를 설득해 나갔다.

"세희야, 그런데… 말 나온 김에… 서울이 아니면 어때? 전셋집 이
년째 계약 끝날 때마다 마음 졸이는 거 불안하지 않아?"

"난 서울 밖으로 나가는 거 생각해본 적 없는데… 솔직히 싫어. 아직
은 더 해보고 싶어."

"우리 돈으로는 서울에서 방 두 개짜리 빌라밖에 못 구하잖아. 그런
데 조금만 경기도로 나가면 같은 돈으로 훨씬 넓고 좋은 집 구할 수 있
어. 교통편 좋은 곳은 서울 내에서 이동하는 시간이랑 크게 차이도 나
지 않아. 아파트에서 살 수 있으면 거기가 우리한테 훨씬 더 좋은 곳일
수 있어."

"그럼, 나도 한 번 다시 생각해볼게."

도운은 둘이 사는 신도림동과 인접한 경기도 안양, 광명, 과천 지역
부터 관심을 가지기 시작했다. 아파트 매매가격은 자금 조달하는 데
위험 부담이 크기 때문에 지역 정보를 얻기 위해서 동네를 직접 보며
분위기를 탐색하기도 했다. 도운은 공공분양주택 청약공고가 뜰 때마
다 세희와 의사결정을 함께 했다. 세희는 도운의 모습이 믿음직했고,
제법 희망이 보이는 듯했다.

모든 방 안으로 햇빛이 잘 들어 문화생활을 즐기기에 운치가 있는

남향집, 생선과 고기 냄새 걱정 없이 마음껏 요리해 먹을 수 있는 부엌, 자전거 두 대를 두고 식물을 키울 수 있는 베란다, 요가 매트를 펼쳐 놓고 운동할 공간이 충분한 거실. 둘은 행복한 시간을 만들어 줄 수 있는 공간에 대해서 상상하며 '좋은 집'에 대한 생각을 바꿔갔다.

　마구 흔들리던 세희의 인생 나침반이 마침내 한 방향을 가리켜 멈춰 섰다. 언제든 인생을 살아가면서 나침반은 또다시 방향을 잃고 흔들릴지 모른다. 하지만 새로운 세계로 나아갈 때 흔들리는 과정은 어찌 보면 당연한 일이다. 세희는 또다시 흔들리는 인생의 나침반을 마주하게 되더라도 도운과 함께라면 해볼 만한 일이라고 확신했다.

겪고 싶지 않았던, 겪고 싶었던

신정환

신정환 1995년생 서울 태생. 말하는 것보다 듣는 것을 더 좋아합니다. 내 삶은 평
범하다고 생각합니다.최근까지 기억에 계속 맴도는 것들을 적었는데 표
현하는게 서툴다 보니 일기처럼 느껴지네요. 이러한 글이라도 누군가에
게 감상을 줄 수 있다면 그것으로 족하다고 생각합니다. 당신의 하루하
루가 행복하길 빕니다. (TMI : MBTI -> INFP)

email: crm0517@naver.com

장례식

창문 너머는 블라인드로 가려져 보이지 않았다. 하지만 그 너머에서 무슨 일이 일어나고 있는지 나는 상상할 수 있었다. 화장이 마무리되기까지 1시간 정도 걸린다며 장례지도사는 우리 가족을 2층에 있는 대기실로 안내해주었다. 다들 의자에 앉아서 쉬거나 휴대폰을 보았는데 이걸 적막함이라 해야 할지…. 그 오묘한 분위기가 불편했던 나는 대기실 밖으로 나왔다.

1층 로비로 내려와 이리저리 돌아다니다가 빈 벤치에 앉았다. 아침 일찍부터 움직였던 지라 눈꺼풀이 뻐근했다. 잠시 눈을 붙이려고 해도 잠이 오지 않았다. 결국 나는 잠들지 못한 채 휴대폰을 만지고 있었는데 아버지가 "여기 있었냐."면서 옆자리에 앉았다. "아버지도 불편하셨어요?"라는 말에 아버지는 그렇다고 하였다. 그리고 서로 말없이 앉아있다가, 아버지가 부의금 정산해보자고 해서 이미 마무리해 두었지만 한번 더 정산했다.

정산을 끝내고 기다리던 중에 어머니에게 외삼촌이 커피 샀으니 가
지러 오라는 전화를 받았다. 나는 아버지와 함께 2층 대기실로 다시
올라갔다. 대기실에 들어서니, 사촌동생은 뭐가 그리 억울한지 "아,
이 커피들 다 제가 샀다니깐요!" 하며 강하게 자기주장을 펼쳤고 다들
웃고 있었다. 무슨 영문인지 어리둥절했는데 어머니가 "카드는 외삼
촌이 냈는데 무슨 네가 사, 너는 결제만 했지." 하는 걸 보고 상황을 이
해했다. 6살 된 사촌동생이 있어서 다행스럽게도 대기실 분위기는 어
둡진 않았던 거 같다.

화장이 다 끝났다는 장례지도사의 말에 다 같이 11번 화장터로 이
동했다. 장례지도사가 말하길, 실제로 보면 충격이 클 수 있으니 준비
된 분들만 보라고 하였다. 외할머니와 막내 이모는 장례를 치를 동안
심신이 많이 약해져 있던 터라 보지 않기로 하였고, 어머니는 괜찮다
고 하여 나, 어머니, 막내 이모부 이렇게 셋 만 보기로 하였다. 나중에
물어보니 어머니는 장녀로서 꼭 지켜봐야 할 것 같았다고 털어놓았다.
잠시 후 블라인드가 올라가면서 직원이 마무리 작업을 하는 모습이 보
였고, 곧 외할아버지의 유골이 드러났다. 어머니는 손으로 입을 가리
고 흐느끼다가, 직원이 유골을 모을 때에는 소리 없이 애통하였다. 어
머니의 팔을 부축하고 있던 나 또한 눈가가 뜨거워졌다. 유골을 다 모
은 후, 우리는 장지 할 장소인 용미리1묘지로 이동하였다.

월요일 새벽에 전화가 울렸다. 진동에 놀라 깨면서 발신인을 보니

어머니였다. 심상치 않은 기분을 느끼며 전화를 받았고, 어머니는 울음기 섞인 목소리로 외할아버지가 돌아가셨다고 알렸다. 나는 일찍 들어가겠다고 한 뒤 어머니에게 얼른 주무시라고 덧붙이면서 전화를 끊었다. 시간은 새벽 3시쯤 되었다. 잠 때를 놓칠까 봐 바로 눈을 감았지만 잠이 오지 않았다. 자세를 바꾸거나 호흡을 골라도 잠이 오긴커녕 외할아버지와 관련된 기억만 자꾸 파고들었는데 한 장면이 유독 선명하게 그려졌다. 작년에 설악산에 가기 위해 등산화와 등산바지를 빌리러 외할아버지 집에 방문하던 때였다. 그리고 그때 본 모습이 앞으로 내가 기억하는 마지막 모습이구나 싶어 착잡해졌다.

다행이라고 해야 할지 나는 재택근무 중이었기에 아침에 친구 집에서 나와 집으로 돌아갔다. 부모님은 일어나 있었고 일정이 어떻게 되냐고 아버지에게 물었다. 아버지는 외할아버지의 자녀 중 남자가 없어서, 장례식을 치를 동안 아버지와 막내 이모부가 상주를 맡고 나는 부의금을 담당해야 할 거 같다고 하였다. 처음 부의금을 맡으라는 말을 들었을 땐 좀 황당했다. 나는 손자에 속한 직계인데 왜 다른 사람이 안 하냐고 말했더니 아버지가 말하길 참나, 다른 사람들은 바쁘다고 한다. 그 말을 듣고 더 황당했다. 아니, 누군 안 바쁜가? 내가 뭐라 말하기도 전에 아버지는 외할머니가 믿을 만한 사람이 없다고 네가 해줬으면 한다고 덧붙였다. 그 말에 할 말이 없었던 나는 알겠다고 하였고, 회사에 자초지종을 설명하며 급히 연차를 사용하였다.

우리는 각자 짐을 챙긴 후 은평구 ㄱ장례식장으로 향했다. 빈소엔 외할머니와 친척들이 먼저 와 있었다. 몇 달 만에 본 외할머니의 몸은

이전보다 더 말랐다. 그 모습에 괜히 마음이 꾹 하고 아려왔다. 옷을
갈아입고 부의금함으로 가서 외할머니와 이모에게 지출 내역과 기타
사항을 인계받고 자리에 앉았다. 이틀 동안 나는 그 자리에서 벗어날
수 없었다. 중요하다고 하니 맡은 자리지만 나 혼자 동떨어지는 듯한
느낌을 지울 수 없었다.

고모할머니에게 듣기로, 외할아버지는 건강검진을 받다가 대장암
을 발견했다. 식단 조절을 하며 수술을 기다리던 중 수술 하루 전날 코
로나19 확진 판정을 받았다. 일정에 차질이 생겨버렸고 간호하기도
어려워지면서 상황은 악화됐다. 수술은 끝났지만 그 과정에서 30kg이
나 빠지면서 기력을 많이 잃었고, 강원도로 가서 요양하던 중 집에서
돌아가신 거였다. "네 할아비가 얼마나 많이 먹냐. 혼자 피자 한판 먹
는 사람이 갑자기 그리 빠졌는데 안 죽고 배기냐." 씁쓸히 덧붙이고는
한숨을 쉬면서 빈소로 돌아갔다.

얘기를 나누던 중에 장례지도사가 오더니 곧 초배상 드릴 예정으로
친인 분들은 모여 달라고 했다. 그 말에 빈소 앞으로 가족들이 모였으
나, 상주인 아버지의 상복이 늦게 와서 환복 하느라 진행이 늦어지고
있었다. 아버지가 서둘러 왔고, 장례지도사가 바로 제사를 진행하면
서 처음에 술을 올려야 한다고 했다. 아버지는 잠시 멈칫하다가 종교
적인 문제로 이건 못할 거 같다고 했다. 그 순간 분위기는 조용해졌고,
눈으로 욕하는 듯한 느낌마저 들었다. 장례지도사는 약간 날 선 목소
리로 요즘은 많이들 신경 쓰지 않고 한다 했고, 옆에서 친척들도 한마
디씩 거들었다. 그 모습에 나는 기분이 나빠졌다. 아버지가 그렇게 큰

잘못을 저질렀나? 왜 저리 못마땅해하는 거지.

초배상을 끝내고 나는 다시 자리에 앉았다. 음식들 수량 체크하면서 쉬는 중에 외할머니가 오더니 옆에 앉았다. 그리고 조문객이 많이 올까 걱정했는데, 나는 거리두기가 풀려서 생각보다 많이 올 거 같다고 말했다. 다행히도 퇴근 시간이 되면서 조문객이 눈에 띄게 늘었고 11시에 마지막 조문객을 보내고 첫째 날이 끝났다.

"형아 우리 공부하자."

옆에서 들리는 이 목소리의 주인공은 사촌동생이다. 어제 초배상이 끝나고 얼마 있다 막내 이모부가 아들과 함께 왔다. 내가 제대하고 처음 본 게 2살이었던 거 같은데 벌써 6살이라고 한다. 사촌동생은 나에게 낯을 가렸다. 그 모습이 귀여워서 볼을 꼬집어 주고 싶었다. 주머니에 있던 비타민을 주고, 같이 낙서도 하니 금방 친해졌다. 낙서하면서 내가 산수문제도 내고 단어문제도 냈는데 그게 좋았나 보다. 그러니 아침부터 공부하자고 한 손엔 낙서장을 쥐고 두 손으로 의자를 끌면서 내 옆으로 왔겠지. 좋았다. 나도 계속 혼자 있어서 외로웠고, 갑자기 기분이 나빠져도 사촌동생을 보면 풀렸다.

식사는 아버지나 막내 이모부에게 잠시 부의금함을 맡기고 나 혼자 먹거나 사촌동생과 같이 먹었다. 점심이 지나고 오후가 되니 조문객도 뜸했다. 한가하니 노곤해져서 나는 벽에 머리를 기댔다. 그러다 작은 외할아버지가 빈소를 힐끔 보더니 왜 아무도 없냐면서 옆에 있던 외삼촌에게 네가 틈틈이 확인하라고 툭 내뱉고 지나갔다. 여태 관심도 없다가 갑자기 내뱉은 말에 나는 어처구니가 없었다. 그래, 밖에서 보면 부의금함 자리가 잘 안 보일 수 있다. 그런데 제사 외엔 빈소도 안 찾고, 수고한다는 말 한번 없던 사람이 할 말은 아니지 않나 싶었다.

입관 준비가 다 됐다는 장례지도사의 말에 우리는 입관실로 향했다. 수의가 입혀진 외할아버지 모습이 보이자 막내 이모는 "아빠아, 아빠아아아!" 하고 목청이 나갈 정도로 서글프게 울었다. 외할머니는 힘이 풀려 쓰러지는 걸 내가 급히 부축했는데 나 혼자 안 둔다고 했잖아, 혼자 안 둔다고 했잖아 하며 비통해했다. 어머니는 입을 가리고 흐느꼈다. 외할아버지의 얼굴은 평온해 보였다. 엄숙한 분위기의 입관식이 마무리될 무렵, 외할머니가 노잣돈 넣어야 한다고 대뜸 말하였다. 순간적으로 다들 어떻게 할지 눈치 봤는데, 장례지도사가 미리 준비했다고 말했다. 그리고 수의 사이에 돈을 넣었는데 극락이라고 적힌 지폐였다. 입관식이 모두 마무리되고 우리는 이어서 성복제를 지냈다. 막내 이모부가 술을 올리면서 제사는 금방 끝이 났다.

마지막 날인 만큼 조문객은 전날보다 많았다. 처음 보는 사람, 오랜만에 보는 사람들이 하나둘 떠나가니 어느덧 12시가 넘었다. 아침 일찍부터 일정이 있기에 다른 가족들은 먼저 자러 갔고, 나랑 아빠는 남아서 같이 정산을 하였다. 한가할 때 틈틈이 정산을 해서 금방 끝날 거라 생각했는데 생각보다 시간이 오래 걸렸다. 정산이 끝날 무렵 어머니도 합류하면서 나에게 고생했다고 했다. 장부를 덮으며 대화를 이어가던 중에 외가 쪽 얘기가 나왔다.

외할아버지가 전에 이혼을 했었고, 지금 있는 외할머니가 이혼 후에 만난 사람이다. 쌍둥이인 어머니와 둘째 이모는 전 부인에서 낳은 자식이었고, 막내 이모는 현 부인에서 낳은 자식이었다. 이런 얘기가 나오면서 아버지는 외가 사람들이 너무하다고 하였다. 장녀는 어머니인데 막내 이모를 장녀처럼 대하는 부분이나, 우리 가족에게 관심을 주지 않는 태도를 얘기하면서 엎어버리고 싶은데 어머니와 막내 이모, 외할머니 때문에 참는 중이라며 불만을 토했다.

얘기를 들으니 이번만이 아니라 예전부터 비슷한 느낌을 받았던 거 같았다. 그래서 외가 쪽이 모이는 날이면 참석하지 않던 아버지의 모습이 이제는 이해가 갔다. 또 무슨 일이 있으면 막내 이모만 찾는 것도 우리 가족을 별로 안 좋게 생각해서 그런 건가 싶었다. 어머니도 알고 있다고 말하며, 갑자기 일어난 일이라 다들 많이 날카로워서 그런다고 하였다. 아버지는 아들이 자리에 앉아서 혼자 있을 때 찾아온 사람이 있느냐, 수고했다고 말 한번 해준 사람이 있느냐, 쉬고 오라고 해준 사람이 있느냐면서 쌓였던 얘기들을 계속 말했고, 어머니는 묵묵히 들었다. 어머니가 잘못한 것도 아니고, 우리가 화를 내는 상황도 아니었지만 어머니가 듣는 모습이 애처로워 보였다. 나는 이제 그만하고 자야 한다고 말했고, 시간은 새벽 5시를 넘어가고 있었다. 그렇게 대화를 끝내고 다음 날 우리는 서울시립승화원으로 이동하였다.

용미리1묘지에 도착하고 처음 느낀 감상은 예쁘다였다. 내가 생각한 국립묘지는 묘지들만 나열되어 엄숙한 분위기인 줄 알았는데, 다채

로운 꽃들과 푸르른 나무들이 넓게 분포되어 예상외였다. 날씨도 구름
한 점 없이 화창해 좋은 때에 보내드린다는 생각도 들었다. 용미리1묘
지는 언덕으로 구역이 나눠져 있었고, 유골을 뿌릴 곳은 언덕을 몇 번
더 올라야 했다. 아침부터 오르니 몸은 힘들었지만 한편으로 생각들이
정리되면서 개운하기도 했다.

　목적지인 8구역에 도착했다. 앞에 다른 유가족이 자연장을 치르는
중으로 잠시 대기하였다. 다들 주위를 둘러보곤 풍경이 좋다, 날씨가
좋다면서 한마디씩 했는데 그 모습이 내게는 마지막으로 외할아버지
를 배웅할 준비하는 걸로 보였다. 우리 차례가 왔다. 인부들은 간단한
설명을 한 뒤 감싸진 천을 풀어내며 준비를 하였고 이후 유골 양이 많
다는 말과 함께 유골을 땅에 붓기 시작했다. 고운 모래를 붓는 것 같은
그 소리는, 나에겐 울음소리보다 더 크게 들렸다. 마지막으로 간단히
제사를 드리고 끝내기로 했다. 외삼촌이 미리 준비한 마른오징어 1포
와 소주 2병을 꺼내면서 먼저 소주 1병을 무덤 주위에 뿌리기 시작했
다. 한 명분만 준비하면 안 되고 먼저 온 사람들이랑 같이 먹을 수 있
게 이렇게 미리 신고식을 치러줘야 한다 말하고, 잘 부탁드린다고 덧
붙이며 남은 소주를 털어냈다. 그 후 나머지 병을 열고 유골 부은 자리
에 쭉 부었다. 이어서 친척들이 돌아가면서 절을 했고 각자 작별 인사
를 했다.

　"아빠, 거기선 뭐라 할 사람도 없으니까 마음껏 마셔. 그리고 다른
분들이랑 싸우지 말고 사이좋게 지내고 그럼 안녕."

　막내 이모의 말을 끝으로 마지막 배웅이 끝났다. 잠시 정적이 흐르

다 누군가 그만 내려가자는 말을 하였고 우리는 몸을 돌렸다. 내려가던 중 어머니가 안 보여서 찾았더니 맨 뒤쪽에 고개를 숙인 채 있었다. 무슨 일인가 싶어 다가가니, 어머니는 몸을 들썩이며 울고 있었다. 나는 말없이 어머니를 부축하면서 내려갔다. 몇 분 정도 지났을까, 어머니는 울먹이며 내게 말했다.

몇 주 전부터 봐야 할 거 같은 생각이 계속 들었는데… 결국 바빠서 못 갔던 게, 얼굴도 제대로 못 본 게 그게 너무 미안하다고.

그리고 계속 미안해, 미안해하며 울었다. 그 모습이 마치 어린아이가 아빠한테 잘못했다고 비는 듯한 모습처럼 보여서 더 처량해 보였다. 어머니는 돌아가는 버스 안으로 들어가기 전까지 울음을 멈추지 못했다.

이렇게 장례식은 끝이 났다. 이번에 유골을 처음 본 영향인지 아직도 가끔 생각이 난다. 할아버지, 할머니는 매장했고, 두 분 다 요양을 1년 넘게 하면서 마음의 준비도 천천히 할 수 있었다. 그래서 장례식장 분위기가 괜찮았다. 그런데 이번에는 가족이며, 친척들이며 준비도 없이 갑자기 맞이한 거여서 다들 힘들어했던 거 같다. 외할아버지가 아프다고 해도 친척들이 엄살인 줄 알았다는데 죽었다고 들었을 때 얼마나 놀랐을까. 그래서 다들 날카로웠고 정신이 없었다고 지금에서는 이해할 수 있다. 그렇다고 이미 차갑게 식은 내 마음이 좋아질 리는 없지만 말이다.

내가 얼마 안 남은 연차도 쓰고, 관심도 대우도 없는데 끝까지 자리를 지켰던 건 오로지 어머니와 막내 이모, 그리고 외할머니를 위해서였다. 똑 부러지고, 할 말 다 하고, 당찬 이모가 그렇게 우는 건 처음 봤다. 외할머니는 자면 자기도 못 일어날 거 같다고, 쉬라고 해도 쉬지 않았다. 어머니는 병문안도 못 가고 얼굴도 못 보고 보냈다고 장례식 내내 미안하다고 했다. 그런 모습을 볼 때마다 속상했고, 내가 더 의젓하게 지켜야겠다는 일념으로 자리를 지켰다.

후일담으로 몇 개 말하자면 막내 이모에게 부재중 전화가 왔었다. 전화를 못 하는 상황이어서 톡으로 무슨 일 있냐고 물어봤는데, 사촌동생이 형아 보고 싶다고 해서 전화 걸었다고 했다. 또 한 번은 내가 외할머니에게 전화를 걸었다. 장례식 끝나고 바로 일한다고 외할머니가 말해서 무리하지 말라고 했다. 서로의 근황을 얘기하던 중 외할머니는 쓸 일이 없다고 짐을 거의 다 버렸다고 했다. 순간 어떤 말을 꺼낼지 고민하다가 요즘은 최소한의 가구만 두는 미니멀라이프가 유행이라고 했다. 외할머니는 "역시 할머니가 유행을 안 놓치지?" 하며 웃었다. 나중에 어머니가 말하길 나보고 할머니가 자상하다고 했다. 마지막으로 어머니는 장례식 당시에 보육교사 1급 시험이 얼마 남지 않아서 시험공부와 장례를 병행했다. 장례식이 끝나고 며칠 뒤에 본 시험은 다행히 합격하였다. 그리고 친척들이, 아들이 의젓하다고 칭찬을 받아 기분이 좋다고 했다. 둘째 이모는 미국에 거주 중이라 오지 못하였다.

  한 사람이 떠나가면 남은 사람들은 슬프다. 슬프지만 각자의 삶을 이어간다. 이런 모습들이 나에게 더 깊게 다가왔다. 사실 나는 외할아버지와 깊은 추억이 별로 없다. 당장 생각나는 것도 앞서 등산복을 빌리러 간 거와 어릴 때 같이 등산을 간 정도? 그래서인지 나는 슬펐지만 눈물이 나오지 않았다. 오히려 주위 가족들이 슬퍼하면 내 감정이 북받쳐서 눈물이 맺혔다. 나는 매정한 사람인가? 이런 생각도 들면서 억지로 울어야 하나 싶었는데 그건 또 아닌 거 같았다. 이러니저러니 해도 결국 내가 지금까지 장례식을 생각하는 이유는 당시에 감정을 제대로 표출하지 못한 채 마음에 쌓아 두어서 그런 게 아닌가 싶다. 그게 슬픔인지, 짜증인지 혹은 죄송함인지는 모르겠지만 말이다. 외할아버지의 장례는 끝났고 남은 사람들은 빈자리가 느껴질 때면 힘들겠지만, 버티며 추억하며 굳건히 살아가면 좋겠다. 내 주위의 모든 이가 행복하길 빈다.

세부여행

어릴 때부터 해외여행을 꼭 가고 싶다고 생각을 했었다. 그러다 기회가 되어 2019년 12월 세부로 첫 해외여행을 다녀왔다. 그동안 막연하다고만 느꼈던 해외여행이었는데, 한번 다녀오니 어렵지 않다는 걸 알았다. 그 후에 주기적으로 해외여행 가야지 하고 생각했지만 얼마 안가 코로나19가 터지면서 해외로 나갈 수 없게 되었고, 2년이 흘렀다. 그때가 너무 좋았는지 지금도 계속 떠오르는 세부, 그때 기억들을 남겨보려고 한다.

2019년 9월, 계획은 갑작스럽게 잡혔다. 단톡방에서 친구 한 명이 해외여행을 가자고 하였는데 평소엔 단합이 잘 안 맞는 애들이 그날따라 다들 찬성을 하였다. 그 후 각자 되는 날짜를 알아보고 인원은 6명, 날짜는 12월 23일부터 28일까지 가는 것으로 계획을 잡았다. 여기서 웃겼던 점이 여행 날짜가 달랐다. 2명은 6일 다 가고, 2명은 하루 먼저 복귀한다고 하고, 2명은 이틀 뒤에 출발하기로 말이다. 각자의 사정에 의해 어쩔 수 없이 된 부분이지만 지금 생각하면 용케 다녀왔다는 생각이 든다.

여하튼, 그 후 우리는 항공권을 알아보며 각자 일정에 맞게 예약을 하였고, 세부 가서 무엇을 할지 알아봤다. 여러 방법으로 수소문하다가 우리는 세부가이드맨이라는 여행사를 이용하게 되었다. 카카오톡으로 여행상담을 하였는데 상담사는 우리가 무엇을 하고 싶은지, 일정은 어떻게 되는지, 비용은 어느 정도까지 생각하는지 등 자세하게 물어보았다. 우리의 일정을 듣고는 자유패키지를 권하였는데, 자유여행과 패키지여행이 결합된 상품으로 가격도 많이 부담되지 않으면서 자유시간도 적당해 우리 상황에 잘 들어맞았다. 또 우리를 선발대, 후발대로 나눠주면서 호텔과 패키지 상품까지 찾아주었다. 그렇게 며칠간 상담을 진행하는데 복귀조 중 한 명이 개인 사정으로 빠지게 되면서 계획을 전면 수정해야 했다. 우선 우리는 혼자 남은 복귀조 친구보고 돌아오는 항공편을 다시 예약하라고 했지만 그냥 이대로 가겠다고 하였다. 현 상황을 다시 상담사에게 전달하였고, 총 5명, 일정 6일로 정리한 최종본을 우리에게 엑셀파일로 보내주었다. 예상 비용은 대략 삼백사십만 원 정도 예상되며, 예약금만 우선 입금하고 현지에서 잔금을 치르는 방식으로 하여 일주일간 상의 끝에 모든 계획은 마무리되었다.

나는 후발대였다. 먼저 도착한 선발대 친구들이 사진을 보내면서 자랑을 하는데 이틀을 기다리기 너무 힘들었다. 기다리던 24일이 다가오고, 일을 마치자마자 곧장 인천국제공항으로 향했다. 다른 후발대 친구와 합류하여 저녁을 먹고, 출국 절차를 마친 후 대기하다가 23시 50분 비행기에 탑승했다. 약 5시간이 지나 드디어 막탄세부국제공항에 도착했다. 도착 후 입국서를 작성하고 입국심사를 받는데 괜스레 떨렸다. 그러나 심사는 어? 할 정도로 간단히 끝났는데 이게 소문으로 듣던 한국인 프리패스인가 싶었다. 우리는 미리 구매하였던 해외 유심으로 바꾼 다음에 짐을 찾고 공항 밖으로 나왔다. 고개만 옆으로 돌려도 바로 한국 사람들이 보여서인지 아직까진 해외에 왔다는 게 크게 실감 나지 않았다.

우선 우리의 3박을 책임질 비 리조트로 가야 했다. 세부는 크게 막탄과 본섬(세부)으로 나눌 수 있는데 우리가 갈 비 리조트는 막탄에 위치한 곳으로 택시를 타고 가야 했다. 오기 전에 알아보니, 일반 택시는 바가지를 많이 씌우고 위생적이지 못한 차량도 많아 그랩을 이용하라는 글들이 많았다. 그랩은 쉽게 말하면 한국에 카카오T 같은 앱으로 전부 영어로 되어있었는데 미리 사용법을 배워왔던 우리는 어렵지 않게 택시를 잡아서 리조트에 도착할 수 있었다. 도착하니 시간은 새벽 6시쯤 되었는데 기특하게도 선발대 친구들이 우리를 마중 나왔다. 그리고 곧 조식 시간이라고 해서 짐을 우선 풀고 남은 시간 동안 리조트를 구경하러 나갔다.

리조트 뒤쪽으로 나가니 바로 수영장이 보였다. 그 뒤로 백사장과 아치형 선베드가 있었고, 뒤로 넓게 바다가 보였다. 작은 부두에 일자로 세워진 잉어 연도 인상 깊었다. 아담한 편이라고 말할 수 있는 전용 해변이었다. 저 멀리 아침 햇빛이 비치며 바다와 백사장이 노란빛으로 물들었다. 그 광경을 보며 내가 해외에 나왔구나를 실감할 수 있었다. 백사장에 누가 그림을 그렸는데 꽃그림이 주로 그려져 있었다. 알고 보니 오늘이 크리스마스라고 리조트 측에서 준비한 작은 이벤트라고 하였다. 사진을 찍으면서 선베드에 잠시 휴식을 취하다가 조식을 먹고 첫 일정까지 아직 시간이 남아 숙소에서 잠을 청했다.

세부는 햇빛이 강했다. 고작 이틀 먼저 출발한 선발대는 벌써 까매졌다. 일어나서 선크림을 꼼꼼히 바르고, 한국에서 미리 구매하였던 알로하셔츠와 수영복으로 갈아입은 후 로비로 향했다. 내려가니 루시라고 하는 여성 가이드가 마중 나와 있었다. 반갑게 인사를 나누고, 우리는 스쿠버다이빙하는 곳으로 이동했다. 체험하는 곳에 도착하고 우리는 스쿠버 장비로 숨 쉬는 법, 이동 시 주의사항, 물속에서 사용하는 손 수신호(위급상황 시) 등 간단히 교육받았다. 우선 5미터까지 내려가보고 괜찮으면 10미터까지 내려갈 예정이라고 우리에게 안내하고 약간의 실습 후, 바로 출발했다. 이렇게 바로 가나? 싶었는데 루시는 이미 자리를 비웠고, 강사는 현지인이어서 의견을 말하기 쉽지 않았다. 설마 죽기야 하겠어 란 심정으로 그대로 바닷속으로 따라 들어갔다.

　장비가 무거웠는데도 몸이 뜨려고 하는 게 느껴져 신기했다. 그날은 아쉽게도 물 상태가 좋지 않아서 바닷속이 약간 뿌옜다. 물속에서 나아가는데 호흡하는 내 모습이 신기했다. 그리고 무중력을 체험하는 듯했다. 호흡하며 나오는 거품 소리, 파란 세상과 대비되는 고요함이 정말 매력적이었다. 우리가 잘 따라오고 있다고 판단했는지 강사는 점점 더 깊숙한 곳으로 들어갔다. 나는 신났지만 고작 10분 정도 유지됐던 거 같다. 스쿠버다이빙은 입으로만 숨쉬기를 해야 하는데 잘못하다 코로 쉬면 바닷물을 먹게 된다. 처음이라 가뜩이나 숨쉬기가 어색한데 여러 번 바닷물을 먹으니 힘들었다. 또 이러다 익사하면 어쩌지? 하고 혼자 불안해졌다. 총 체험 시간은 30분에 중간중간 강사가 사진도 찍어줬는데 나는 지상으로 얼른 올라가고 싶단 생각뿐이었다. 이때 알았다. '아, 나 바닷물 무서워하는구나.'

물 위로 올라오자마자 수중 마스크부터 벗었다. 개운함과 해방감도 잠시, 약간의 멀미가 나서 정신 차리기 바빴다. 저 구석에서는 친구 한 명이 토하고 있었다. 우리는 몸을 대충 씻고, 루시가 예약한 곳으로 점심을 먹으러 갔다. 메뉴는 현지식 샤부샤부였다. 입맛에 맞는 편은 아니었지만, 국물을 먹으니 속이 좀 괜찮아졌다. 식사를 마치고 우리는 시내로 마사지를 받으러 가기 위해 차량에 탑승했다. 가는 길에 오토바이가 얼마나 많은지, 사고가 안 나는 게 정말 신기했다. 저 오토바이 속에도 나름의 규칙이 있어 보였다.

처음 받아보는 마사지에 기대를 많이 했었다. 샵에서 나누어준 옷으로 환복하고 지정하는 자리에 누웠다. 평소 간지럼을 많이 타서 받다가 웃으면 어떡할까 걱정했던 게 무색할 정도로 시원했다. 전신마사지를 2시간 정도 받으면서 잠깐 잤는데 금방 끝났다. 팁 문화가 어색한지라 어떻게 줘야 할지 고민했었는데 기분 좋게 받아서 자연스럽게 팁을 줄 수 있었다.

다시 차를 타고 숙소로 돌아와 저녁까지 남은 시간 동안 친구들과 수다 떨며 쉬었다. 저녁은 금강낚시터라는 곳으로 갔다. 가게 이름에서 유추할 수 있듯이 낚시하면서 밥을 먹을 수 있는 곳인데 주메뉴가 삼겹살이고, 미끼도 삼겹살이다. 작은 호수 위에 개별 테이블이 구분되어 있었다. 한국 사람이 운영하는 곳이라고 가이드가 소개해주었는데, 유명한 곳인지 금방 만석이 되었다. 한국을 벗어난지 얼마나 됐다고 삼겹살을 보니 반가웠다. 루시가 고기를 구워주었고 한국에서 먹는 삼겹살과 다소 차이가 있었지만 그래도 맛있었다. 어느 정도 배가 부르니 우리도 자리에서 낚시를 했다. 친구 중 한 명을 리액션 킹이라고 부르는데, 별명에 걸맞게 입질이 오니까 "우워어어어어어! 우와아아 아아아!! 겁나 쎄!!!!" 이렇게 사방팔방 소리를 질렀다. 무겁다고 낚싯대 좀 잡아달라고 친구가 외치는 와중에 나는 찍어주겠다고 휴대폰을 꺼냈고, 결국 아주 커다란 메기와 함께 인생 영상을 남겨주었다.

원래라면 저녁을 먹은 후, 어메이징 쇼를 보는 거까지 패키지 상품 이었는데 우리는 액티비티를 좋아하다 보니 다른 것으로 대체하였다. 오늘 일정은 끝이 났다. 숙소로 돌아온 후, 소화도 할 겸 우리는 수영 장으로 향했다. 사람이 적어서 전세 낸 거처럼 놀 수 있었다. 수영도 하고, 사진도 찍으면서 놀다가, 잠시 쉴 겸 수영장에서 하늘을 보며 누웠는데 까만 하늘에 별들이 많았다. 어느 정도 놀고 난 후, 우리는 숙소로 돌아와 내일 일정을 위해 일찍 잠에 들었다.

시간은 새벽 3시. 다들 비몽사몽하며 로비로 나갔고, 마중 나온 루시와 함께 차량에 탑승하여 목적지로 향하였다. 우리가 꼭두새벽부터 움직이는 이유는 이번 세부 여행의 목적이었다. 그건 바로 고래상어를 보기 위해서였다. 고래상어는 지금까지 발견된 어류 중 가장 큰 생물이라고 하며, 대단히 희귀하다고 한다. 공식적으로는 최대 크기가 12미터, 몸무게는 21.5톤이라고 하며 비공식 기록으로는 더 큰 것도 발견되었다고 한다. 고래상어를 보기 위해선 오슬롭이라는 곳까지 가야했는데 여기서 가는 데만 3~4시간이 걸리고, 오전 시간만 관광이 가능했기에, 일찍 출발할 수밖에 없었다. 차에서 한숨 자니 7시쯤 오슬

롭에 도착했다. 여행객들이 죄다 몰렸는지, 인산인해였다. 루시를 따라서 담당 직원에게 스노클링 마스크와 구명조끼, 액션캠을 받고 현지인과 함께 해변에서 다인용 카누를 타고 10분 정도 나아갔다.

　우리 말고도 여러 카누들이 가고 있었고, 현장에는 이미 많은 사람이 관광 중이었다. 곧 카누가 멈추었고, 현지인이 고래상어를 보는 법을 알려주었다. 스노클링 마스크를 착용하고 숨구멍을 물 밖으로 빼둔 채 보거나, 아예 잠수해서 보거나 둘 중 하나였다. 일단 잠수하지 않고 들어갔다. 보이지 않아서 고개를 좌우로 여러 번 돌리다가 우와, 웬 커다란 물고기가 큰 입을 뻐끔거리면서 지나갔다. 너무 놀라서 순간적으로 고개를 들었다. 고래상어는 매우 온순한 생물이고, 지금까지 사람에게 위해를 끼친 적이 없다는 내용을 상기하면서 놀란 마음을 진정시켰다. 진정이 되니, 곧 강한 호기심이 밀려와 잘하지도 못하는 잠수를 하였다. 친구들은 이미 물속에서 고래상어들을 찍고 있었다. 차마 만질 용기는 없었고 그 커다란 몸집을 감상했다. 등 위로 하얀 점들이 촘촘히 있고, 얼핏 봐서는 고래인지 상어인지 구분이 가지 않았다. 입을 좌우로 크게 벌린 채 헤엄치며 나아가는데, 속도는 빠르지 않으나 청소기처럼 물을 빨아대고 있었다. 물 위에서 어부들이 새우젓을 바다로 뿌려대고 있었는데 그걸 먹으려고 저렇게 물을 흡입하는 거 같았다. '저것들 저러다 사람 잡아먹는 거 아니야?' 크기에 압도당해 이런 생각을 하고 있을 무렵, 현지인이 사진 찍어주겠다고 우리 보고 모이라고 하였다. 우리는 물 위에서 카누를 잡고 고래상어가 다가오길 기다리다가 신호에 맞춰서 잠수했는데 이때가 세부 여행 중에서 제일 힘들었다. 고래상어와 함께 인생 사진을 찍는 게 우리의 또 다른 목적이 있었는데 현실은 시궁창이었다. 사진 찍기 전부터 고래상어를 보려고 계속 잠수를 반복하다 보니 이미 바닷물을 많이 먹은 상태였다. 새우젓을 계속 뿌려대서 그런지 더 짰다. 그런 와중에 사진 찍으려고 잠수하다 보면 의도치 않게 물을 또 먹게 되고, 깊게 들어가서 포즈를 취해야 하는데 조끼 때문에 자세는 안 나오고, 현지인은 "원모어! 원모어!" 하며 과하게 열정적이고, 이때 평생 먹을 바닷물 다 먹은 거 같았다. 20분 정도 지나니 현지인은 그만 돌아간다고 했다. 정부에서 직접 관리하기에 오래 볼 수 없다고 하였다. 짧지만 진했던 체험을 마치고 카누에 탑승하여 다시 해변으로 돌아가는데 뒤에서 진한 주황빛 햇빛이 비쳤다. 내 목 안은 짠 내가 나는데, 풍경은 주황빛으로 물들여지니 괜히 심통이 났었다.

해변에서 대기하던 루시가 우리에게 목욕 타월을 건네줬다. 그걸로 몸을 대충 닦아내고 차에 탑승해 바로 다음 일정을 향해 움직였다. 루시는 고생했다며 아침용으로 싸온 주먹밥을 주었는데, 짠 기가 가시질 않아 물 말고는 도저히 먹을 수 없었다.

1시간 정도를 달려, 한 사무실에 도착하였고 안전 장비를 지급받고 착용하였다. 우리의 다음 일정은 캐녀닝이었는데, 가와산이라는 협곡에서 탐험하며 즐기는 익스트림 체험이었다. 캐녀닝을 하기 전에, 투말록 폭포를 보고 간다고 하며 길이 협소하여 차로 갈 수 없다고 우리를 오토바이에 태워 이동했다. 도착하고 좀 올라가니 녹색 풀들과 어우러진, 거대한 폭포가 보였다. 장엄하고 신비스러운 느낌이 들었다.

어딘지 모르게 익숙하다는 느낌을 받았는데, 알고 보니 영화 아바타 촬영지라고 하였다. 단체 사진을 찍은 후 내려오면서 닥터 피시 탕에 발도 담갔다.

우리는 다시 오토바이를 타고 가와산으로 이동했다. 지나가면서 풍경을 감상했는데 만화에서나 보던 밀림이 눈에 띄었다. 캐녀닝이라고 적혀있는 간판 앞에 도착하고 현지 가이드를 따라서 트래킹으로 시작하였다. 주위는 숲과 협곡으로 둘러싸여 있었고, 새소리와 위에서 흘러내리는 물소리, 아래에는 옥빛 물까지 모든 풍경이 이국적이었고 엄청 멋있었다. 협곡을 이동하며 다이빙 포인트에서 다이빙하고, 중간중간 폭포 앞에서 수영하며 사진 찍고, 더 높은 곳에서 다이빙하였다. 코스가 단계적으로 활동적이면서 재미있게 잘 짜여있었다. 풍경에 감탄하고 즐거워하다가 어느덧 마지막 포인트에 도착하였는데 높이가 상당히 높았다. 인간이 가장 무서움을 느낀다는 11미터 정도 되어 보였다. 먼저 체험 중인 여행객들이 있었는데, 한 사람은 도저히 못 뛰겠다고 포기하였다. 확실히 앞에 서니 무서웠다. 그래도 언제 해보겠냐며 눈 딱 감고 뛰었는데 공중에 3초 정도 머물렀던 거 같다. 뛰어내린 후 가와산폭포에서 잠시 휴식을 취하고, 처음 도착했던 사무실로 우리는 오토바이를 타고 돌아갔다.

사무실에서 현지식으로 점심을 먹었다. 짜조, 면 볶음, 치킨, 칠리새우 등 다양한 음식들이 나왔는데, 가장 맛있었던 건 오징어짬뽕 컵라면이었다. 다 먹고 차량에 탑승하여 숙소로 향했다. 이튿날 일정은 끝났고, 숙소에서 도착하니 5시쯤 되었다. 우리는 우선 샤워하고 환복

후 저녁 먹을 겸 시내 구경하러 택시 타고 나갔다. 먼저 마사지부터 받았는데 어제 받았던 곳보다 못했다. 그래서 팁을 줄 때 떨떠름했다. 저녁은 인터넷에서 찾은 맛집으로 갔는데 내 입맛엔 맞지 않았다. 이후 마트에 들러 잠시 구경하고, 숙소로 돌아가는 길에 과일 집에 들렀다. 벌써 이틀 차라고 그새 적응이 되었는지 가격을 흥정하여 망고랑 과일의 황제라는 두리안을 사서 갔다. 망고는 한국에서 먹었던 거와 달리 부드럽고 당도가 높아서 엄청 맛있었다. 그 기세로 기대하며 두리안까지 먹었는데 역한 냄새에 물컹한 식감으로 최악이었다. 내일 떠나는 친구를 힘껏 놀린 후에 우리는 잠에 들었다.

　드디어 마지막 날이 다가왔다. 아쉬운 마음을 뒤로한 채, 10시에 로비 앞으로 모였다. 마지막 일정은 호핑투어로, 섬 지역에서 배를 타고 나가 낚시도 하고 스노클링도 즐기는 체험이다. 세부의 꽃이라고도 하며 거기에 우리 4명만 진행하는 단독 투어로 더 기대가 되었다. 차를 타고 선착장에 도착했다. 앞에서 나룻배를 타고 호핑에 함께할 필리핀 전통 배인 방카로 이동했다.

　흰색으로 칠해져 있었고, 다인승 용이라서 그런지 생각보다 컸다. 호핑에 사용할 짐들도 같이 옮긴 후, 모터 소리와 함께 배가 출발하는데 생각보다 빨랐다. 바다 바람맞으며 머리가 휘날리는데 기분이 좋았다. 날씨는 화창하면서 구름은 뭉게구름이었고, 바다는 깨끗하여 물보라가 치는데도 물 밑으로 물고기들이 보였다. 넓게 트인 잔잔한 바다와 하늘, 그리고 바다에서 반짝이는 작은 별들까지 이 장관을 본 것으로 이미 호핑은 끝났다고 말할 정도로 좋았다. 입에서는 예쁘다는 말만 계속 재생하고 있었고 손은 풍경을 찍기 바빴는데 어떻게 찍어도 인생 사진일 정도로 잘 찍혔다. 호핑투어는 날루수안과 힐루뚱안 두 곳에서 진행되는데 날루수안으로 가는 중에 잠시 정차하였다. 이곳이 낚시 포인트인지 손낚시하라고 미끼를 엮은 낚싯대를 주었다. 이번엔 아쉽게도 리액션킹의 소리를 듣지는 못했다. 30분 정도 즐기다가 다시 모터 소리가 들렸다.

이번엔 뱃머리에 앉아 유명한 해적 캐릭터의 자세를 취하고 노는 중 저 멀리 날루수안 섬이 보였다. 섬과 연결된 긴 다리가 인상 깊었다. 다리 주변에 잠시 정박하고 우리는 장비를 챙겨 섬 주위에서 스노클링을 했다. 에메랄드빛 바닷속에 열대어가 어찌나 많은지, 아름답고 신비스러웠다. 헤엄치며 어느 정도 논 다음 우리는 다리를 건너 날루수안 섬 안에 있는 해상 뷔페에서 점심을 먹었다. 다 먹고 섬에서 한 시간 정도 둘러보았다. 바다는 에메랄드 빛깔에 투명하였고, 커다란 뭉게구름과 어우러져 정말 아름다운 섬이었다. 다시 방카로 돌아와서 힐루뚱안 섬으로 향했다. 섬에 도착하여 방카를 정박하였다. 이곳에 온 이유는 스노클링을 하기 위해서였는데 날루수안보다 수심이 깊었다. 앞 전에 투명한 바다를 느꼈다면, 여기서는 남색에 진한 바다를 느낄 수 있었는데 산호초와 더 많은 종류에 열대어들을 볼 수 있었다. 슬슬 바다 공포증이 다시 도지면서 나는 친구들보다 먼저 배 위로 올라와 휴식을 취하였다. 멀미 기운에 의자에 누워있었는데, 직원이 해상 라면을 끓이곤 다들 먹으라고 불러주었다. 국물이 어찌나 시원한지 속이 금방 괜찮아졌다.

힐링이고 아쉬웠던 호핑을 마무리하고 선착장으로 돌아왔다. 숙소를 들려 갈아입을 옷만 챙기고 다시 차량에 탑승하여 투어에 포함된 마사지를 받으러 갔다. 샤워실이 구비된 곳이었는데 지금까지 갔던 곳 중 가장 좋았다. 샤워하고 환복을 마친 후 마지막 저녁을 먹으러 지지블루라는 곳으로 향했다. 선상레스토랑이었는데 바다 쪽으로 길게 다리가 있었고 그 위로 테이블들이 배치되어 있었다. 그중 한 곳에 앉아서 피자와 닭꼬치, 칼국수를 먹었는데 맛이 괜찮았다. 레스토랑에서 라이브도 하였는데 Let it be와 애인 있어요를 불러서 신기했다.

루시에게 투어 기간 동안 고마웠다고 말하며 팁을 건네주었다. 그리고 모든 일정이 끝이 났다. 숙소로 돌아오는 내내 계속 한국 가기 싫다고 징징거렸다. 마지막 날은 친구들과 맥주 먹으면서 회포를 풀었다. 즐거운 시간은 어찌나 빠른지, 아쉬움을 달래며 미리 사두었던 기념품들과 함께 짐을 정리하고 잠에 들었다. 그리고 다음 날 비행기를 타고 한국으로 귀환하였다.

아주 짧고도 긴 일정이었다. 벌써 2년이나 흘러서 당시와는 많은 부분이 달라졌을 거 같다. 아쉬웠던 점은 액티비티 위주로 다녀오다 보니 현지 모습을 눈에 많이 담지 못한 것, 멀미를 자주 한 것과 음식이 대체로 입에 안 맞았던 것 정도 들 수 있다. 그렇지만 여행 내내 즐거웠고 모든 것들이 너무나 인상 깊었다. 아름다운 바다는 평생을 가도 떠올릴 수 있을 정도다. 나중에 기회가 된다면 또 세부로 여행을 떠나고 싶다.

길었던 거리두기가 풀리면서 다시 해외여행을 할 수 있게 됐지만 아직은 조심스럽다. 조금 더 안정화되면 계획을 짜 볼 생각이다. 가보고 싶은 곳은 유럽이지만, 동남아를 가도 나쁘지 않을 거 같다. 친구들과 함께한 여행도 즐거웠지만 다음에는 사랑하는 사람과 같이 다녀오고 싶다. 그리고 그 추억을 오래도록 함께 나누고 싶다.

리콧 – 동화 이야기

이주영

이주영   1978년 전주에서 태어났다. 10살 때부터 게임을 만들고 싶어서 게임을
공부했고 결국 게임 기획자가 되었다. 기획자는 책을 많이 읽어야 한다
고 해서 책을 많이 사긴 했으나 아직 반절도 못 읽었다. 책을 열심히 모으
던 어느 날 책장에 내 책 한 권쯤은 꽂아 두고 싶어서 글을 쓰기로 마음먹
었다.

instagram: @ashura4
blog: blog.naver.com/ashura4
email: ashura4@naver.com

'세상을 바꿀 수 있는 힘을 가지게 되면 당신은 세상을 구하겠습니까? 파괴하겠습니까?'

"아우, 진짜 오늘 같은 날은 내 손으로 세상을 파괴하고 싶다."

특수 경찰 부대의 건물로 차를 거칠게 몰고 들어가며 희연은 짜증을 냈다. 건물 입구에 걸려 있는 저 글이 오늘따라 거슬렸다. 옆자리의 재관 경사가 보조 손잡이를 꽉 잡으며 말했다.

"세상이 파괴되기 전에 제가 먼저 죽겠어요. 진짜! 운전 좀 살살 해요!"

"닥쳐. 그 입 얼려 버리기 전에."

"네… 그런데 경위님 왜 이렇게 화가 나셨어요. 긴급 출동이 하루 이틀도 아니고…"

"아! 오늘 내 생일이란 말이야! 내가 좋아하는 술집 대여해서 사람들 모아 놓고! 파티 딱 시작하고! 케이크의 촛불 딱 끌려고 하는데 긴급 호출이 왔어! 그럼 내가 화가 나겠어 안 나겠어?"

"아… 생일이셨구나. 추, 축하드려요. 경위님. 아하하."

"나 오늘 휴가 쓰고 쉬는 날이라고! 근데 하필 왜 평생 한번 나올까 말까 한 자연계 능력자가 오늘 나타난 거냐고!"

열 받은 희연은 더욱 거칠게 엑셀을 밟았다. 올라가는 주차장 검문 막대를 아슬아슬하게 부딪히지 않고 통과한 희연은 가장 가까운 주차 자리를 향해 차를 몰았다가 급하게 브레이크를 밟았다.

끼이이익!!

동화가 타고 있던 버스가 급정거했다.

사람들의 원성이 쏟아졌고 버스 기사는 앞차를 욕하면서도 승객들의 안부를 살폈다.

핸드폰으로 단톡방에서 채팅을 하고 있던 동화는 하마터면 넘어질 뻔했지만 재빠르게 손잡이를 잡고 버텼다. 버스 기사가 운전을 험하게 하는 것이 하루이틀이 아니니 동화는 별 생각없이 친구들과의 대화에 집중했다.

상호: 야야, 지금 난리 났어. 리콧(Licot. Life Conversion Talent의 줄임말)을 수송하던 차량이 공격당했대

영석: 에이, 설마. 그거 털려면 어벤져스나 와야 가능할 걸? 일반인이 그거 터는 건 불가능하지 않나?

동화: 리콧? 그게 뭔데?

상호: 야 너 외계인이니? 아니면 북에서 왔어? 어떻게 리콧을 모를 수 있지?

영석: 야 동화가 서울로 전학온지 얼마 안 됐잖아. 시골에서 공부만 하다가 모를 수도 있지 너무 구박하지 마라. 자 동화야 이 형님이 친절하게 설명해 줄게. 리콧이란 말이지. 인간의 생명을 사용해서 특별한 능력을 쓸 수 있게 해주는 장치야. 즉, 만약에 너의 잠재된 능력이 스파이더맨처럼 거미줄을 쏠 수 있는 거라고 치면 리콧을 착용하면 너도 거미줄을 쏠 수 있게 되는 거지. 그런데 이게 생명을 소비하기 때문에 거미줄 하나를 쏠 때마다 니 수명이 몇 시간씩 줄어들게 되는 거야.

동화: 세상에 그런 장치가 있어? 너무 신기하다. 그럼 사람마다 특별한 능력이 다 다른거야?

영석: 그렇지. 사람은 다 고유한 생명 에너지를 가지고 있기 때문에 리콧을 사용했을 때 모두 다른 능력이 나온다고 하더라고.

상호: 하지만 어떤 능력을 쓸 수 있는지는 미리 알 수 없고, 리콧을 착용해봐야만 알 수 있다고 하던데? 그리고 이게 꼭 좋은 능력만 있는 것이 아니라 거지 같은 능력도 있어서 뽑기 운이 심하다고 하더라고. 전에 어떤 대원은 리콧을 썼는데 발현된 특수 능력이 똥을 남들보다 10배는 더 참을 수 있는 능력이라서 충격 받고 그날로 특수 부대 때려쳤다고 하더라.

영석: ㅋㅋㅋㅋㅋㅋㅋㅋㅋㅋㅋ 수명을 줄여서 얻은 능력이 똥 잘 참는 거라니 안됐네.

상호: 그래서 정부가 특별한 활동을 하는 사람들에게만 그 장치를 사용할 수 있도록 허용을 하고 철저하게 관리하고 있지. 만약 그 장치가 나쁜 놈들의 손에 들어가면 어떤 악당이 탄생할지 모르니까 말이

야. 뭐 물론 능력을 막 쓰다가는 순식간에 죽어버리겠지만.

영석: 근데 동화야 너 지금 어디쯤 오고 있어? 이제 너만 오면 되는데.

동화: 어 여기가 어디지? 강남인거 같은데⋯ 뱅뱅사거리? 라고 하는데?

상호: 어? 뱅뱅사거리? 거기 지금 리콧 수송 차량이 공격당했다고 뉴스 뜬 곳인데? 동화야 별 일없어?

동화: 잠시마⋯

동화가 채팅을 치는 도중에 운전석 쪽에서 쾅 소리가 나면서 버스가 심하게 흔들렸다.

충격 때문에 떨어뜨린 핸드폰을 주우려고 동화가 몸을 숙였을 때 사람들이 비명을 지르기 시작했다. 버스의 문이 열리면서 버스 기사의 다급한 외침이 들렸다.

"어서 도망치세요!"

승객들이 서로 밀치며 버스에서 내려 도망쳤다. 그 와중에 누군가 동화의 핸드폰을 발로 차서 버스의 구석으로 들어가 버렸다. 이리 치이고 저리 치이던 동화는 사람들이 모두 버스에서 내린 후에야 핸드폰을 주울 수 있었다. 자신도 서둘러서 버스에서 내리려던 찰나 동화는 정체불명의 실루엣을 보고 황급히 몸을 숙여 숨었다.

버스 옆에는 그야말로 불덩어리가 된 존재가 서 있었다. 온 몸에 불이 붙어 활활 타고 있었지만 그 사람은 아무렇지도 않은 듯 걸어 다녔다. 그냥 걷기만 하는데도 그의 몸에서 작은 불덩어리들이 튀어나와 주변을 다 태우면서 다가오는 자들을 위협했다. 불덩어리 남자가 소리쳤다.

"크하하하. 이거 잭팟인데! 리콧을 찾더니 샐러맨더가 될 줄이야. 난 이제 무적이야! 야! 거기 너! 얌전히 총 내려 놓는 것이 좋을 거야. 아까 니 옆의 친구 통구이 되는 거 봤잖아!"

불덩어리 남자는 자신을 둘러싼 경찰을 위협하며 조금씩 포위망을 벗어나고 있었다. 비록 리콧을 훔쳐서 착용하는데 성공했고 최고 능력 중의 하나인 자연계 능력을 얻었지만 능력을 쓸 때마다 자신의 생명을 소비해야 했기에 전투가 부담되는 것은 사실이었다.

불덩어리 남자가 한 발자국씩 버스에서 멀어지던 때 헬기 소리가 가까워지더니 공중에서 한 여자가 뛰어내렸다. 수직으로 떨어지던 그 여자가 공중에서 손을 휘두르자 바닥에서 얼음 기둥이 치솟았다. 불덩어리 남자를 얼음 기둥에 가둔 그 여자는 얼음 기둥을 타고 유유히 미끄러져 내려오더니 바닥에 가볍게 착지했다. 착지 후 옷을 턴 그녀는 얼음 기둥을 향해 말했다.

"특수경찰부대 소속 최희연 경위입니다. 리콧을 훔치는 행위는 즉각 처형이 가능한 중범죄입니다. 지금이라도 리콧을 벗고 투항하시면 목숨은 살려 드리겠습니다. 물론 감옥에서 평생 살아야 하겠지만요."

불의의 기습을 당한 불덩어리 남자는 꼼짝없이 얼음기둥에 갇힌 듯했으나 그것도 잠시였다. 빠르게 얼음기둥을 녹이고 탈출한 그는 최희연 대위를 향해 불덩어리를 날렸다. 희연은 재빠르게 몸을 피하면서 불덩어리 남자의 발을 향해 손을 휘두르고는 곧바로 남자를 향해 몸을

달려들었다. 발이 얼어붙어 당황한 남자가 발을 먼저 녹일지 여자의
주먹을 먼저 피할지 고민하던 순간 희연의 주먹이 날아와 남자의 복부
를 가격했다. 발을 묶고 있던 얼음이 깨질 정도로 강한 충격을 받은 남
자는 날아갔고 그가 들고 있던 가방도 날아갔다.

가방은 버스의 창문을 깨고 동화의 옆에 떨어졌다. 그 충격으로 인
해 닫혀 있던 가방이 자동으로 열렸고 그 안에 있던 팔찌가 모습을 드
러냈다. 버스 속에서 몰래 상황을 보고 있다가 어찌할 줄 몰라 당황한
동화는 가방 속 팔찌를 멍하게 쳐다보고 있었다. 희연이 가방을 쫓아
버스 안으로 들어왔다. 희연과 동화의 눈이 마주쳤고 버스 안에 아무
도 없는 줄 알았던 그녀는 깜짝 놀라 동화를 향해 외쳤다.

"너 여기서 뭐 하는 거야! 빨리 도망쳐!"

어서 도망치라는 희연의 외침에 동화는 그제서야 상황의 심각성을
깨달았다. 동화가 서둘러 버스에서 내리려는 순간 커다란 불덩어리가
날아왔다. 희연은 손을 휘둘러 두꺼운 얼음 벽을 버스 옆에 세우는 동
시에 동화를 향해 몸을 날렸다.

강력한 불덩어리와 얼음벽이 충돌하며 엄청난 충격파가 발생했다.
그 충격으로 버스가 몇 바퀴 굴렀고 그 안에 있던 동화와 희연은 창문
과 기둥, 의자와 강하게 부딪히며 속절없이 회전에 휩쓸렸다.

잠깐 정신을 잃었다가 눈을 뜬 동화는 누군가 자신의 몸을 감싸고
있는 것을 느꼈다. 희연이 동화를 구하기 위해 몸을 날린 것이었다.

희연은 목적은 달성했지만 대신 큰 부상을 입었다. 허리가 끊어질
것만 같은 통증이 밀려왔지만 동화를 안심시키기 위해 억지로 웃으며

말했다.

"어디 다친데 없어? 많이 놀랐지?"

"네 전 괜찮아요. 근데 누나 괜찮아요? 저 때문에 다치신 것 같은데요."

"아니야. 누나는 괜찮으니까 걱정 말고 어서 여기서 빠져나가. 저 새끼가 오기 전에 빨리 도망쳐야 해."

"그치만 다친 사람을 혼자 두고 가는 것은 좀⋯"

희연은 끙소리를 내며 힘들게 손목의 리콧을 터치했다. 손목 위로 떠오른 홀로그램이 희연의 정보를 보여줬다. 남은 생명력이 170시간으로 줄어 있었다. 저 불덩어리와 또 전투를 하면 전투 도중에 죽을 수도 있는 수치였다. 희연은 죽기 싫었다. 이 자리에서 그냥 도망치고 싶었다. 하지만 그래도 자신을 걱정하는 아이를 두고 도망칠 수는 없었다. 경찰의 사명감이 본능을 눌렀다. 크게 심호흡을 하고 각오를 다진 희연은 동화를 똑바로 보고 부탁했다.

"그럼 내 부탁 좀 들어줄래? 나 대신에 저 가방 좀 가지고 가서 밖에 있는 경찰들에게 전해줘. 나는 조금만 쉬었다가 나갈게. 저 가방이 저 놈 손에 들어가면 정말 큰일이 날 수 있어. 꼭 부탁할게. 난 정말 괜찮으니까 걱정할지 말고. 응?"

동화는 희연의 눈에서 단단한 각오를 읽을 수 있었다. 내키지 않았지만 동화는 팔찌가 담긴 가방을 들고 버스 밖으로 나가기 위해 몸을 일으켰다.

그 때 다시 불덩어리가 날아왔다. 희연은 욕지거리를 내뱉으며 팔을 휘둘렀다. 다시 또 한 번 얼음 벽이 세워졌고 불과 얼음이 부딪히는 충격으로 버스가 흔들렸다. 희연은 버스 기둥을 붙잡고 힘겹게 일어나며 동화를 향해 소리쳤다.

"어서 달려!"

희연의 외침에 동화는 서둘러 버스를 벗어나 달리기 시작했다. 하지만 동화는 몇 발자국 달리지 못하고 그대로 고꾸라졌다. 땅에서 튀어나온 나무 줄기가 동화의 발을 붙잡았기 때문이었다.

동화는 다행히 안고 있던 가방이 막아줘서 크게 다치지는 않았다. 발을 옥죈 나무 줄기를 떼어내려 했지만 줄기는 오히려 더욱 조여왔다. 갑자기 무슨 일인가 싶어 동화는 고개를 들어 주변을 살펴봤다. 불덩어리 남자의 반대쪽에서 깔끔한 정장을 입은 한 남자가 동화를 향해 걸어오고 있었다. 그 남자는 불덩어리 남자를 향해 말했다.

"이봐. 토니. 나는 나무를 다루는 힘이야. 자연계 능력이 둘이나 나오다니 이런 대박이 터질 줄은 상상도 못 했어. 우리 둘이 힘을 합치면 나라도 지배할 수 있을 거야. 하하하."

토니라고 불린 불덩어리 남자는 정장 남자의 말을 듣고는 미친듯이 크게 웃으며 좋아했다.

"크하하하. 맞아. 러스티! 더블 잭팟이야! 하늘이 우릴 돕는 거라고! 크하하하"

러스티라 불린 정장 남자는 동화에게 말했다.

"소년. 그 가방 얌전히 넘기면 내가 목숨만은 살려 줄게. 난 생명을 소중히 여기는 사람이야. 불필요한 살생은 하고 싶지 않아."

바닥에 엎드린 채 동화는 다가오는 러스티의 뒤를 바라봤다. 수많은 경찰들이 바닥에서 솟아난 나무에 꿰 뚫려 죽어 있었다. 아마 자신도 저렇게 죽을 거라는 것을 동화는 본능적으로 느꼈다. 지금 러스티는 동화를 죽이기 전에 유희를 즐기는 것이었다.

동화는 가방 속으로 슬그머니 손을 집어넣었다. 팔찌에 손목을 가져다 대자 팔찌가 동화의 손목에 자동으로 채워졌다. 팔찌가 빛을 내며 동화의 상태를 인식했고 그 결과는 순식간에 홀로그램으로 표시되었다.

'남은 생명력: 8942시간 / 능력: 바람의 힘'

힘을 사용하는 방법이 자연스럽게 머리속에 스며들었다. 동화의 얼굴에 놀라움과 당황스러움이 스쳐 지나갔다. 동화의 표정에 이상함을 느낀 러스티는 재빨리 손을 뻗었다. 동화가 쓰러져 있는 바닥에서 날카로운 나무가 솟아오르며 동화의 몸을 꿰뚫었다.

하지만 그 자리에 동화는 없었다. 잔상이 남을 정도로 빠르게 몸을 날린 동화는 바람을 타고 하늘로 날아오르고 있었다. 자신의 공격이 빗나갔음에도 불구하고 그 모습을 본 러스티는 박수를 치며 좋아했다.

"이번에는 바람이야? 지금 이 자리에 자연계 능력자가 4명이나 모여 있다는 거잖아! 이거는 리콘 역사상 단 한 번도 없었던 일 일 거야. 정말 세상이 멸망하려는지도 모르겠어. 최고야. 하하하."

동화는 러스티가 무슨 말을 하는지 몰랐지만 좋은 이야기는 아닌 것 같았다. 동화는 다친 희연이 걱정되었다. 땅에 내려온 동화가 러스티를 향해 손을 뻗었다. 그러자 날카롭게 변한 커다란 바람이 러스티를 향해 날아갔다. 동화의 남은 생명력 2시간이 줄어들었다.

동화의 단순한 공격을 러스티는 뒤로 뛰어 가볍게 피했다. 후속 공격없이 당황한 얼굴을 하고 있는 동화를 보며 러스티는 궁금증이 일었다.

"소년. 세계 최강의 능력을 얻었는데 얼굴 표정이 왜 그래? 줄어드는 시간이 너무 많아서 이상한거야? 아니면 남은 생명력이 예상과 달라서 이상한 거야? 왜? 100년은 살 줄 알았는데 시간이 너무 많이 부족한가 보지?"

러스티의 비아냥에 동화는 짜증이 일었다. 닥치는 대로 손을 휘둘러 러스티를 향해 바람의 기운을 날렸지만 러스티는 몸을 이리저리 움직이며 가볍게 공격을 피했다.

화가 난 동화의 주변에 회오리가 일기 시작했다. 주변 물건들이 동화를 중심으로 빨려 들어가려던 그 때, 동화는 옆에서 갑자기 날아온 커다란 불덩어리를 맞고는 저만치 날아갔다. 옆 쪽에서 토니가 모습을 드러내며 투덜댔다.

"아깝네. 일반인이었으면 통닭구이처럼 타버렸을텐데 망할 놈의 바람이 막아버렸어. 그나저나 슬슬 배가 고프네. 러스티. 있다가 치맥 콜?"

"치맥 좋지. 내가 전기구이 잘하는 집 아니까 그리로 가자."

두 사람은 동화를 앞에 두고 장난을 쳤다. 그만큼 동화를 우습게 보고 있었다. 최강의 힘을 가진 자연계 능력자이지만 그들 눈에는 그저 힘을 다룰 줄 모르는 애송이로 보였다.

그 때 흐리던 하늘이 참지 못하고 비를 뿌리기 시작했다. 불과 물은 상극이었기에 토니는 짜증을 냈다.

"아 왜 비가 오고 난리야. 장난 그만 치고 저 애새끼 빨리 처리하고 가자."

토니의 몸이 다시 불덩이로 변하는 순간 그들 주위의 빗물이 전부 공중에서 얼어붙었다. 그리고 그 얼음은 바람을 타고 날카로운 비수가 되어 그들을 향해 날아갔다.

연희가 남은 생명력을 쥐어 짰고 동화가 빠르게 그에 응한 것이다. 러스티와 토니는 자신들의 능력으로 얼음 비수를 막았다. 러스티는 순식간에 나무 장벽을 자신의 주위에 세웠고, 토니는 불길을 더 끌어올려 얼음을 순식간에 녹여 버렸다. 그 순간 바람이 러스티 쪽으로 불었다. 그러자 토니의 불길이 러스티의 나무 장벽에 옮겨붙었다. 당황한 러스티는 나무 장벽을 없애려 했지만 이미 불길은 그의 몸을 태우고 있었다. 거기에 바람이 불길을 돕자 러스티는 순식간에 재가 되어 버렸다. 자신의 불길이 친구를 태운 것에 놀란 토니는 러스티가 있던 자리를 보며 잠시 경직되었다.

"아. 아니. 이게 무슨"

그 틈을 노리고 날카로운 얼음 기둥이 토니를 향해 날아왔다. 분노한 토니는 크게 고함을 지르며 불기둥을 피워 올렸다. 거대한 불기둥이 지면에서부터 솟아올라 하늘까지 닿았다. 토니 주위에 있는 모든 것이 녹아내릴 정도로 강력한 불길이었다. 그리고 그 불기둥이 방향을 틀어 연희를 향해 날아가려는 순간 강력한 바람이 불어 불길이 방향을 틀지 못하게 방해했다.

바람의 방해에 짜증이 난 토니는 동화를 직접 잡아 죽이려고 동화를 향해 몸을 날렸다. 그런데 그의 몸은 그의 의지와 다르게 다른 방향으로 날아갔다. 바람의 힘에 의해 경찰 특수 수송 차량으로 날아간 토니는 차량 안으로 처박혔다. 연희가 얼음으로 그의 불을 껐고 제압 경찰들이 재빠르게 들이닥쳐 토니를 구속했다. 그렇게 토니는 경찰에 붙잡혔다.

결국 두 범죄자의 죽음과 구속으로 전투는 끝이 났다. 토니가 경찰 차량에 실려 가는 것을 본 동화는 버스에 기대어 힘겹게 숨을 쉬는 희연에게 다가갔다.

"누나. 괜찮아요?"

"너 이 자식! 내가 그거 가지고 도망가라고 했지. 언제 착용하라고 했어? 너 그게 어떤 물건인 줄 알고 착용한 거야. 너 잘못하면 평생 감옥에서 썩을 수도 있어."

"죄송해요. 그런데 그 때 이거 안 찼으면 저 죽었을 거예요. 죽는 거보다는 조금이라도 살아서 발버둥쳐보는 게 낫잖아요."

"그래. 그건 그렇지만. 그게 그리 쉬운 문제가 아니라서 그래. 에효. 이게 다 어른들의 사정인데 너까지 휘말리게 해서 미안하네."

"일단 살았으면 된 거죠. 다음 일은 다음에 생각해 볼게요. 그나저나 누나 상태 많이 안 좋아 보이는데 빨리 병원 가야 하는 거 아니에요?"

"맞아. 나 안 괜찮아. 나 남은 생명력이 별로 없어. 빨리 병원가서 생명력 회복해야 해."

"생명력이 회복이 돼요? 이거 회복할 수 있는 수치였어요?"

"리콧의 능력을 쓰면 최대 생명력이 깎이는 거고 표시되는 수치는 현재 생명력 기준으로 보여주는 거야. 이게 좀 설명이 어려운데. 암튼 지금 이대로 내가 치료를 못 받고 있으면 여기 표시된 시간에 죽을 테지만 병원 가서 치료 잘 받고 몸 컨디션이 정상이 되면 다시 현재 생명력이 채워지는 거지. 게임에서 물약 먹으면 체력이 채워지는 거랑 비슷하다고 생각하면 돼. 하지만 능력을 써서 사용한 내 최대 생명력을 다시 늘릴 수는 없어."

"아. 게임으로 말하니까 알겠네요. RPG 게임 같은 방식이구나."

"그래 그렇지. 암튼 나 좀 부축해봐. 어서 병원가자."

동화는 희연을 부축해 일으켰다. 그 때 헬기가 다가오는 소리가 들렸다. 잠시 후 헬기에서 특수경찰부대원들이 내려 희연을 태웠다. 동화 역시 헬기를 타고 같이 병원으로 이송되었다. 다른 사람이 있을 때는 아무 말도 하지 말라고 희연이 부탁했기에 동화는 조용히 희연을 따라갔다.

희연이 치료를 받는 동안 동화 역시 몇 가지 검사와 간단한 치료를 받았다. 희연이 자신이 나올 때까지 기다리라고 했기에 동화는 병원 대기실에 앉아 TV를 보며 시간을 때웠다. 아까의 전투 장면을 다룬 뉴스가 속보로 나오고 있었다. 안전을 위해 멀리서 찍은 탓에 상황이 자세히 보이지는 않았지만 그래도 희연이 헬기에서 내려오는 모습은 다시 봐도 멋있었다. 그 모습에 반한 동화는 희연 같은 존재가 되고 싶었다. 자신도 경찰이 되어 희연과 함께 범죄자를 잡으면서 세상을 구하고 싶다는 생각이 들었다. 자연계 능력을 각성했으니 충분히 그럴 수 있지 않을까 기대하며 동화는 기쁜 마음에 히죽거렸다.

TV에서 나오는 영상에 동화의 활약은 전혀 찍히지 않았다. 때문에 경찰과 사람들은 희연 혼자서 두 범죄자를 다 처리한 것으로 알고 있는 듯했다. 덕분에 간단한 조사만 받고 나올 수 있었지만 동화는 왠지 이 상황이 좋기도 했고 섭섭하기도 했다. 그러다 갑자기 자신의 미래가 걱정되기도 했다. 어찌 되었든 국가의 소중한 자산인 리콧을 자신이 마음대로 사용한 것이 알려지면 큰 처벌을 받을 수도 있었기 때문이었다.

복잡한 마음으로 대기실에 앉아 있는데 휠체어를 탄 희연이 동화에게 다가왔다. 깜짝 놀란 동화가 서둘러 일어나려고 하자 희연은 웃으며 말했다.

"별거 아냐. 걱정하지 마. 그냥 갈비뼈가 좀 부러져서 빨리 회복하려고 타고 있는 거야."

"저 때문에 그렇게 돼서 죄송해요."

"아니야. 정말 괜찮아. 그리고 생명력도 생각보다 많이 회복돼서 지금 기분 좋은 상태야. 히히."

"아 그건 다행이네요. 걱정 많이 했어요."

"그래? 고마워. 나 병실에 가방을 좀 가지러 가야 하는데 나랑 같이 가자. 이 휠체어 자동이긴 한데 그래도 사람이 밀어주는 게 더 좋은 것 같아."

동화는 희연에게 가방이 없다는 것을 알았지만 뭔가 할 말이 있는 것 같았기에 웃으며 희연의 휠체어를 밀었다. 희연의 병실은 1인실 중에서도 특실이었다. 희연의 말로는 자연계 능력자가 받는 특혜라고 했다. 병실에 도착하기 전까지 신나게 떠들던 희연은 병실 문이 닫히자 표정이 바뀌며 심각한 얼굴로 조심스럽게 동화에게 물었다.

"너 어디 아픈 곳 없니? 아니면 혹시 니 몸 상태에 대해서 알고 있어?"

"저요? 저 아주 멀쩡한데요. 아까 저 잘 싸우는 거 보셨잖아요. 헤헷. 근데 왜요? 제 몸에 무슨 문제 있어요?"

"어…. 그게 말이지. 병원에 오기 전에 니 리콧에 표시된 너의 남은 생명력을 얼핏 봤는데 그 수치가 너무 적더라고. 뭔가 좀 이상해서 아까 너 검사할 때 의사 선생님에게 특별히 좀 잘 봐 달라고 부탁 했었거든. 그래서 검사 결과가 나왔는데 말이지. 그게… 뇌종양이라고 하더라. 리콧 수치에 따르면 1년 정도 밖에 살지 못하는 단계인 거 같아."

희연의 말에 동화는 황급히 팔에 착용한 리콧의 정보 화면을 띄웠다. 그곳에 표시된 자신의 남은 생명력은 7842시간이었다. 1년도 안남은 시간이었다. 아까는 전투에 정신이 팔려서 전혀 신경을 못 쓰고 있었는데 자신에게 남은 시간이 1년도 안되고 그 이유가 뇌종양이라는 말에 동화는 다리에 힘이 풀려 그 자리에 주저앉았다.

희연은 동화를 부축해 주려고 손을 내밀었다. 동화는 희연의 손을 의식하지도 못한 채 자리에서 일어나더니 비틀거리며 병실을 나갔다. 자연계 능력자가 폭주하면 재앙 수준의 일이 벌어지는 것을 잘 아는 희연은 여차하면 동화를 제압할 생각으로 휠체어에서 일어나며 말했다.

"많이 놀랐을 거라는 거 잘 알아. 그렇지만 지금 넌 함부로 움직이면 안되는 존재야. 자연계 능력자는 국가에서 특별 관리해야 하는 대상이라고."

희연의 말에 동화는 마른 웃음을 지으며 돌아봤다.

"잠시만 바람 좀 쐬고 올게요. 잠시면 돼요. 제가 지금 아무런 생각이 안 나서요. 숨을 좀 편하게 쉬고 싶어요."

동화의 힘없는 말을 들은 희연은 차마 동화를 막지 못했다. 병실을 나서는 동화에게 옥상으로 가면 바람 쐬기 좋을 거라는 말을 던졌다. 그리고는 혹시 모를 사태를 대비해 경찰 상부에 보고를 하고 리콧 연구소에도 따로 연락을 넣었다.

잠시 후 희연이 옥상으로 올라갔을 때 동화는 보통 사람은 올라갈 수 없는 건물 꼭대기에 위태롭게 서서 바람을 느끼고 있었다. 희연이 동화를 향해 손을 흔들자 동화는 가볍게 손을 움직였다. 그러자 부드러운 바람이 희연의 몸을 감싸 안아 공중에 띄웠다. 바람은 희연을 동화가 있는 곳으로 안전하게 옮겨 주었다.

한참동안 아무 말없이 바람을 느끼던 동화는 정면을 바라본 채 조용히 말했다.

"저는 보육원에 살고 있어요. 원래는 다른 곳의 보육원에서 살고 있었는데 거기 원장님이 정말 나쁜 분이었어요. 툭하면 애들을 때리고 굶기고 괴롭혔죠. 다행히 원장의 악행이 알려져서 그 보육원은 폐쇄되었고 이곳의 보육원으로 옮긴 지는 얼마 안 됐어요. 지금까지 지옥 같은 곳에서 살다가 이제 겨우 살만 해졌는데 1년 밖에 더 못 산다고 하니 너무 억울하네요. 전 그저 바람처럼 자유롭게 살고 싶은 마음뿐이었는데 그것조차도 못 한 다니 세상 참 너무한 것 같아요."

희연은 동화의 어깨에 손을 얹고는 가볍게 토닥였다.

"그래 많이 억울할 거야. 내가 너의 마음을 다 이해할 수는 없지만 그래도 남은 시간 최선을 다해보자. 연구소에 가면 너의 문제를 해결할 수 있을 거야. 지금까지 수많은 능력자들이 탄생했으니 뇌종양을 없애는 능력자도 있을지 어떻게 알아. 나와 함께 가자. 아직 포기하기에는 너무 일러."

희연의 말이 끝나자 멀리서 헬기가 다가오는 것이 보였다. 동화는 잠시 눈을 감고 고민했다. 희연을 따라가 답을 찾아볼 것인지 아니면 남은 시간을 정말 바람처럼 자유롭게 살 것인지. 눈을 뜬 동화는 희연의 손을 잡고 날아올라 비행 중인 헬기에 탑승했다. 결심한 이상 한 시도 주저할 이유가 없었다.

동화가 연구소에서 검사를 받는 동안 희연은 연구소장실을 찾아가 동화를 낫게 할 방법을 의논했다. 연구소장인 석태는 새롭게 발견한 자연계 능력자인 동화의 자료를 분석하느라 정신이 없었다. 지금껏 여러 명의 자연계 능력자가 있었지만 바람의 힘을 가진 능력자는 처음이었던 탓에 석태의 얼굴에는 욕망이 번들거렸다. 동화에 대한 데이터가 실시간으로 보내졌고 석태는 새로운 표본의 발견에 만세를 부를 지경이었다. 그 모습을 한참 동안 지켜보던 희연은 식은 커피를 털어 넣고는 석태 앞으로 가서 모니터를 가리며 말했다.

"이제 웬만한 분석은 다 끝났을 거 같으니 말해주세요. 동화의 상태는 어때요? 병을 치료할 방법이나 생명력을 늘릴 수 있는 방법은 없을까요?"

모니터를 가린 희연에게 짜증이 일었지만 석태는 현재 대한민국 최강 능력자에게 화를 낼 만한 배짱을 가지고 있지는 않았다. 자세를 고쳐 앉은 석태는 차분한 말투로 말했다.

"자네도 알겠지만 인간의 고유한 생명력을 늘릴 수 있는 방법은 아직 발견하지 못했네. 그 방법이 있다면 훌륭한 능력자들이 작전 도중에 안타깝게 목숨을 잃는 일은 없었겠지. 그리고 뇌종양은 아직 완전한 치료법을 발견하지 못한 상태이네. 특히 소아뇌종양은 더욱 더 그렇지. 이건 과학자인 우리보다는 의사들의 판단이 더 정확하겠지만 내가 아는 바로는 그런 상황이네. 저 아이의 딱한 상황은 이해하지만 답이 없는데 어쩌겠나."

석태는 잠시 뜸을 들인 후에 다시 말했다.

"하지만 말이야. 저 아이의 힘은 대단한 잠재력을 가지고 있다네. 지금껏 본 적 없는 새로운 영역의 힘이야. 저 아이의 생명력이 많이 남아 있다면 최고의 능력자로 키우면 될 일이지만 1년 밖에 남지 않은 생명이네. 차라리 그 기간 동안 연구소에서 연구를 하면 인류를 위해 더 많은 것을 남겨줄 수 있을 걸세. 그것이야말로 세상을 위한 숭고한 희생이 아니겠나. 저 아이가 철없이 능력을 마구 쓰다가 죽어 버리기라도 하면 연구 기회조차 날아가 버리네. 이건 하늘이 준 기회야. 우리는 한 단계 더 나아갈 수 있어. 자네의 능력에도 분명 큰 도움이 될 거야."

석태의 말을 들은 희연은 책상을 꽝하고 내려치며 화를 냈다.

"말도 안되는 소리하지 말아요. 저 아이는 자유로운 삶을 꿈꾸는 아이라구요! 아무리 연구가 중요하다고 해도 한 아이의 운명을 마음대로 결정할 수는 없어요. 전 그 의견에 찬성할 수 없어요. 동화를 데리고 나가겠어요. 저 아이는 저를 믿고 여기에 왔어요. 그런 아이의 남은 인생을 연구소에서 썩게 만들 수는 없어요."

석태의 욕망 가득한 눈을 노려보던 희연은 자신이 실수했다는 것을 깨닫고는 서둘러 소장실을 나가려고 했다. 그러자 석태는 차가운 목소리로 말했다.

"희연 경위님. 이것은 이미 상부에서 결정된 내용입니다. 명령에 따르세요. 지금 저 아이를 구하려 한다면 명령 불복종으로 처분이 내려질 것입니다."

명령이라는 말이 희연의 발걸음을 붙잡았다. 국가의 경찰로서 명령을 거부할 수는 없었다. 문고리를 잡고 있는 손에 힘이 들어갔다. 문고리에서부터 얼음이 퍼져 나갔고 순식간에 소장실에는 한기가 돌았다. 하지만 냉기는 오래가지 않았다. 금세 이성을 되찾은 희연은 알겠다는 말을 남기고는 문을 거칠게 열고 나갔다.

희연은 동화의 검사실로 향했다. 온 몸이 묶인 상태로 정신을 잃은 동화의 모습이 보였다. 몸에 알 수 없는 약물이 투입되었고 거부 반응이 있는지 정신을 잃었음에도 괴로움에 몸부림치는 동화의 모습을 보며 희연은 주먹을 부르르 떨었다.

주차장의 차 속에서 희연은 자신의 경찰 배지를 만지작거렸다. 잠시 후 경찰 배지를 차 밖으로 내던진 희연은 차에서 내리며 가장 가까운 CCTV를 얼려서 박살내 버렸다. 조용히 다시 연구소로 들어가 약물에 취해 기절해 있는 동화를 찾은 희연은 동화를 들쳐 메고서 바닥에 얼음길을 만들어 빠르게 연구소를 탈출했다.

희연이 모는 차량이 굉음을 내며 거칠게 유턴을 했다. 그러면서 유리창에 머리를 부딪힌 동화가 정신을 차렸다. 희연은 동화가 깬 것도 모른 채 운전에 집중하고 있었다. 상황을 파악하기 위해 동화가 밖을 보려고 하는데 갑자기 유리가 까만 액체로 뒤덮였다. 희연은 욕지거리를 내뱉으며 급하게 와이퍼를 작동시켜 액체를 닦아냈다.

"아. 이런 X발. 짜증 나게 재관이도 작전에 투입되었나 보네. 저 새끼 능력은 진짜 귀찮은데. 쯧."

"재관이라는 분의 능력은 뭔데요?"

"아 깜짝이야! 어?! 일어났어? 운전이 너무 거칠었나 보네. 미안해. 근데 잠시만 기다려 줄래. 내가 지금 정신이 없어서 말이야. 저것들 좀 떼어내고 대화하자. 괜찮지?"

희연은 거칠게 핸들을 꺾으며 차량을 이리저리 피해 도로를 질주했다. 고속도로로 나가려 했으나 그쪽 길이 꽉 막힌 것을 본 희연은 다시 급하게 핸들을 돌렸다. 결국 희연은 탈출 대신 전투를 택했다. 잠실 한강공원으로 차를 몰았다. 물이 많은 곳에서 희연은 무적이었다.

희연의 차가 한강으로 가는 것을 막기 위해 다양한 공격들이 펼쳐졌다. 풍선이 터지기도 했고, 커다란 구슬이 굴러 오기도 했고, 폭죽이 터지기도 했다. 전부 다 리콧 능력자들이 멀리서 쓰는 공격이었다. 능력이 없는 경찰들이 희연의 차량에 붙으려 했지만 가까이만 가면 바닥이 얼어붙어서 미끄러져 다른 차량과 충돌해 떨어져 나갔다. 희연은 사고가 날 때마다 손에 힘을 꽉 주며 미안한 표정을 지었다.

여러 번의 위기를 극복하고 차는 한강공원에 도착하는데 성공했다. 공원 주차장을 지나 산책로까지 차를 몰고 간 희연은 곧바로 한강을 향해 차를 몰았다. 놀란 사람들이 황급히 도망쳤다. 희연의 차량이 물속으로 곤두박질하려는 순간 한강이 얼어붙었다. 한강에 얼음길이 만들어졌고 그 위를 유유히 희연은 달렸다. 희연을 쫓아오던 다른 차량들은 한강을 건너는 희연을 바라볼 수밖에 없었다. 얼음길은 희연의 차량 앞에만 생겼고 희연이 지나가는 순간 사라졌기 때문이었다. 희연은 그제서야 편안하게 핸들을 잡고는 동화에게 말을 했다.

"아까 뭐 물어봤지? 아 맞다. 재관이? 걔 능력은 먹물 뿜어내는 거야. 웃기지? 대부분 리콧을 쓴 능력들이 저 정도야. 우리가 좀 대단한 수준인 거지. 그러니 자부심을 가져."

"근데 저희 지금 도망치고 있는 거죠? 그것도 경찰에게서."

"어 그래. 맞아. 도망치는 거. 내가 널 연구소에서 빼 왔어. 그래서 연구소에 비상이 걸렸고, 특수 경찰 요원들이 우리를 추격하고 있는 상황이지."

"혹시⋯ 저 좋아하세요? 이것이 책에서만 봤던 사랑의 도피?"

"아하하하. 너 진짜 웃긴다. 이 와중에 그런 농담을 하는 걸 보니 너도 보통은 아니구나. 너도 눈치 챘을 지 모르지만 널 치료하는 것보다 널 연구하는 것이 더 인류를 위하는 일이라는 개소리를 하길래 참지 못하고 데리고 나왔어. 내가 또 의리 하나는 끝내주거든."

"역시 그런 것 같았어요. 연구소 사람들이 절 바라보는 눈빛이 무슨 대박 뽑기 아이템을 보는 것 같았거든요. 마치 예전 원장이 국가보조금 들어온 통장을 바라볼 때의 느낌이랄까. 으. 끔찍해."

"그러게. 사람을 그렇게 보면 안 되는 건데. 안 좋은 경험을 하게 한 거 내가 사과할게."

"에이 괜찮아요. 누나가 무슨 잘못이 있다고요. 신경 쓰지 말아요. 인간 같지 않은 대접에는 익숙하니까요. 근데 우리 이제 어디로 가는 거예요?"

"음. 이대로 한강을 타고 서해로 몰래 빠져나가서 남쪽으로 가려고. 전주에 내가 아는 숨을 만한 곳이 있어."

그 때였다. 어디선가 미사일이 날아오는 소리가 들렸다. 희연은 황급히 차 주변으로 얼음 장벽을 펼쳤다. 거의 동시에 미사일이 얼음 장벽에 맞아 커다란 폭발이 일어났다. 그 충격으로 차가 미끄러져 밀려

났다. 한강에 빠지기 직전 희연은 겨우 얼음길을 다시 만들어 빠지지
않을 수 있었다.

저 멀리 군용 헬기 여러 대가 보였다. 결국 군대가 투입된 것이었다.
미사일이 2차, 3차로 날아왔고 희연은 얼음 장벽을 세우며 미사일을
막아 냈다. 희연은 차를 몰아 도망치려 했지만 사방에서 미사일이 날
아왔다. 도망칠 곳이 없었다.

사방에 얼음 장벽을 거대하게 세운 희연은 고민에 빠졌다. 저들은
희연의 능력을 잘 알고 있었기에 절대 물 가까이 오지 않으면서 멀리
서 미사일로만 공격하고 있었다. 아까는 생포하려고 총을 아끼는 것
같았는데 그새 생각이 바뀐 것처럼 보였다. 어차피 가질 수 없다면 둘
다 죽이려는 생각인 듯했다. 물 밑으로 들어갈까 생각도 했지만 그건
너무 많은 생명력을 소비했다. 깊은 갈등의 순간이었다.

동화는 빠르게 줄어드는 희연의 생명력을 바라보았다. 미사일을 막
기 위해 얼음 장벽을 세울 때마다 희연의 생명이 줄어들고 있었다. 이
제 희연에게 남은 생명력은 300시간도 채 안 되었다. 마음이 너무 괴
로운 동화는 결심을 했다.

"누나. 그냥 제가 연구소로 갈게요. 저 때문에 누나가 죽겠어요. 이
런 식으로는 둘 다 죽어요. 제가 잡혀가는 것이 우리 둘 다 사는 방법
이에요."

동화는 울면서 애원하듯이 희연의 팔을 붙잡았다. 자신 때문에 다
른 누군가가 희생하는 것이 너무 마음이 아팠다. 어차피 죽을 목숨인
데 누나라도 살리고 싶었다. 하지만 희연 역시 결심을 한 상황이었다.

"동화야. 너의 말은 정말 고마운데. 난 그렇게 살지 않을 거야. 죽을 때 죽더라도 너에게 좋은 어른으로 기억되고 죽을 거야. 세상은 말이야. 다수를 위해 소수가 꼭 희생되어야 하는 것은 아니야. 소수의 의견도 중요하고 그들의 삶도 소중한 법이야. 수가 많다고 해서 힘이 약한 자들을 무시하고 짓밟으면 안 되는 거야. 난 그런 자들을 지키는 경찰로 남을 거야."

꿍음이 들리면서 이번에는 여러 개의 미사일이 사방에서 동시에 날아왔다. 희연은 재빨리 동화를 자신의 품 안으로 껴안았다. 미사일이 얼음 장벽에 부딪혀 동시 다발적으로 폭발했고 엄청난 폭발음과 함께 차량의 유리가 깨지며 차가 뱅글뱅글 돌았다. 희연의 온 몸에 유리가 박혔고 결국 고통을 참지 못하고 희연은 정신을 잃었다.

그 모습을 본 동화의 마음 속에서 무언가 끊어지는 소리가 들렸다. 차 문을 열고 나온 동화는 물에 빠지려는 차를 바람의 힘으로 들어올려 날아갔다. 또 다시 미사일이 차량을 향해 날아왔으나 바람의 힘에 의해 물 속으로 곤두박질 쳤다. 안전하게 차량을 땅 위에 올려 놓은 동화는 그 곳에서 바람을 일으켰다. 강 위에 거대한 소용돌이가 일어나 헬기들을 덮쳤다. 헬기들은 황급히 도망치려 했으나 바람의 힘이 더 빠르고 강했다. 소용돌이는 한 곳으로 모였고 그 곳에 빨려 든 헬기들은 전부 서로 부딪쳐 공중에서 폭발했다.

헬기를 처리하자 이번에는 경찰차와 군용 장갑차가 희연의 차량을 중심으로 몰려 들었다. 동화를 포위한 그들은 총을 겨눠 동화를 위협했다. 이번에는 동화를 중심으로 거대한 소용돌이가 일어났다. 경찰들은 동화를 향해 총을 쐈지만 소용돌이는 총알마저 빨아들였다. 소용돌이는 점점 커졌고 주위의 모든 것을 집어 삼키기 시작했다. 그 곳에 몰려든 경찰과 군인 모두가 소용돌이에 빨려 들어갔다. 그들 전부가 하늘을 향해 끝없이 치솟던 그 순간 소용돌이가 갑자기 사라졌다. 그리고 동화 역시 생명력이 다한 채 쓰러졌다.

힘을 너무 많이 써서 생명력이 다 사라진 순간 동화는 심장이 멈추는 것을 느꼈다. 삐이이이 하는 이명이 이어졌다. 눈앞은 캄캄했고, 몸은 어둠 속에 떠있는 듯했다. 리콧의 남은 생명력은 0을 표시하며 꺼져가고 있었다. 모든 것이 끝난 것 같은 순간이었다. 이명 소리마저 사라지고 정적이 찾아온 그 때, 리콧을 차고 있는 손목에서 아주 작은 전류가 일었다.

동화의 몸 속에 있던 뇌종양이 그 전류와 반응했다. 리콧의 힘을 흡수한 종양은 동화의 몸을 지배하기 시작했다. 온 몸의 세포들이 종양으로 변하면서 다시 생명을 되찾았다. 심장까지 번진 종양은 심장도 지배했다. 그리고 심장을 다시 뛰게 만들었다. 동화는 다시 눈을 번쩍 뜨면서 몸을 일으켰다.

분명히 죽음을 느꼈는데 다시 살아났다. 어찌된 일인가 싶어 동화는 리콧의 상태창을 확인했다. 정보가 변해 있었다.

'남은 생명력: 1시간 / 능력: 생명 조작'

자신이 어떻게 살아났는지는 몰랐지만 동화는 자신이 해야 할 일은 알았다. 동화의 주변에는 공중에서 떨어져 크게 다친 경찰과 군인들이 수 없이 널려 있었다. 동화는 그 중 가장 가까운 경찰에게 다가갔다. 다리가 부러지고 팔이 꺾인 그 경찰은 고통을 호소하며 살려 달라고 했다. 무표정한 얼굴로 동화는 그 경찰의 몸에 손을 댔다. 손에서 빛이 번득였고 그 순간 경찰의 생명은 꺼졌다. 그와 동시에 동화의 리콧 상 태창의 정보가 갱신되었다.

'남은 생명력: 3시간 / 능력: 생명 조작'

그렇게 동화는 그 곳에 있는 모든 살아남은 자들의 생명을 다 빨아들였다. 동화의 남은 생명력은 1000시간 정도로 늘었다. 죄책감 같은 것은 없었다. 동화의 몸과 마음은 이미 썩을 대로 썩은 상태였다.

마지막으로 기절해 있는 희연을 향해 동화는 걸어갔다. 희연은 아직도 정신을 차리지 못한 상태였다. 아까의 무표정한 얼굴과 다르게 동화의 얼굴에는 괴로움이 가득했다. 동화는 천천히 떨리는 손을 희연을 향해 뻗었다. 고통스러워하는 희연을 위한 마지막 선물이었다.

동화의 손이 희연의 몸에 닿았고 생명의 빛이 번득였다. 잠시 후 동화는 조용히 차문을 닫고 자리를 벗어나 어둠 속으로 터벅터벅 걸어갔다.

동화가 사라진 후 십여 분의 시간이 지나고 경찰들과 응급차들이 현장으로 몰려들었다. 생명의 기운이 하나도 남지 않은 너무나 참혹한 현장의 모습에 사람들은 공포를 느꼈다. 어떤 간호사는 이건 악마의 소행이라며 기도를 드렸다.

그 지옥 같은 현장에서 살아남은 유일한 생존자는 희연 혼자였다.

차 안에서 기절해 있는 그녀 역시 죽은 줄 알고 지나칠 뻔했으나 리콧 상태창이 깜박이는 것을 본 경찰들이 황급히 그녀를 병원으로 이송했다. 그리고 얼마 후 병원에서 정신을 차린 희연은 자신의 리콧 상태창을 확인한 후 펑펑 울었다.

'남은 생명력: 1004시간 / 능력: 얼음 생성'

그리고 희연의 주머니에는 동화가 남긴 짧은 쪽지가 있었다.

'제 동생을 잘 보살펴 주세요.'

모퉁이를 돌아서

정현

정 현   '화양연화'라는 곳에서 사람들의 특별한 날을 기록해주는 일을 한다. 우
리는 살면서 타인이 나를 기록해줄 만한 일이 도통 없다. 우린 대부분 평
범하게 살기 때문이다. 그런 의미에서 사진은 타인의 시선으로 나를 기
록해주는 유일하고도 특별한 일이다. 나는 이 일을 하면서 비록 평범할
지언정 시시한 사람은 단 한 명도 보지 못 했다. 우리 모두에게는 '기록할
만한' 가치가 있다.

blog: 7summer.tistory.com

아직도 궁금한 게 하나 있어요. 왜 엄마는 내가 우는 게 그토록 싫었었나요? 여느 엄마처럼 내가 울면 달려와 토닥여주고 안아 주길 바랐어요. 물론 대수롭지 않은 일로 엄마의 관심을 끌고 싶어 운 것도 사실이에요. 대부분이 그런 것들이죠. 하지만 난 당신의 아이잖아요. 어린아이의 유치한 울음에 못 이기는 척 해줄 수는 없었어요? 어떻게 나를 방 안에 혼자 남겨두고 귀를 막은 채 울음이 그치기만을 기다리기만 했어요. 아무리 내 울음 소리가 고약했어도 말이에요.

윤재는 펜을 놓고 숨을 돌렸다. 정작 하고싶은 이야기는 이게 아니었다. 요즘 가꾸고 있는 텃밭에 자꾸 벌레가 생겨 오늘은 약을 치러 갔는데 비가 왔다는 말을 하려했다. 잠시 비가 그치기를 기다리고 있으니 이웃 텃밭의 주인이 와 여러 작물을 좁은 텃밭에 한꺼번에 심으면 해충들이 꼬인다며 주변 밭들 때문에 자신이 피해를 입는다고 볼멘소리를 하고 간 이야기를 하려고 했다. 실은 줄곧 궁금하기도 했다. 그건 윤재가 초등학교에 막 들어갈 무렵 윤재 엄마 진경이 운영하는 포장마차에서 손님 술을 꺼내 주며 한 이야기였다. 윤재는 포장마차 한 켠에서 이런저런 인형과 장난감을 가지고 놀고 있었다. 윤재는 학교에 들어가기 전 대체로 진경이 일하는 포장마차에서 오후를 보냈다. 엄마는 손님들과 많은 주제로 대화를 나눴는데 그 날의 주제는 "이 녀석 울음소리가 어찌나 고약하던지 방 문을 닫아버리고 귀 막고 저거 언제 그치나 하고 있었다니까요." 였다. 술을 마시던 손님들이 웃었다. 그리고 모두 윤재를 한 번씩 쳐다봤다. 이 녀석 엄마를 아주 힘들게 했구나. 제법 어른이 되어서도 윤재는 그 날의 장면을 또렷하게 기억하고 있었다. 처음엔 분명 가볍게 흩날리는 초겨울의 눈발 같은 기억이었다. 문득 생각나고 그러다 사라지고 또 문득 스치면 그런가보다 하는. 그러더니 눈발이 점점 거세졌다. 여기 저기 다른 기억들에도 그 기억이 맺혀 얼어 있었다. 단단하게 얼어붙은 기억은 성인이 되자 커다란 눈덩이가 되어 마음을 무겁게 짓눌렀다. 이제는 도무지 묻지 않으면 안 될 일이 돼 버린 거다. 윤재는 새 편지지를 보았다. 다시 쓰려면 얼마든지 다시 쓸 수 있다. 이미 많은 종이를 쓰고 버렸다. 하지만 윤재는 이번만큼은 버리지 않고 편지를 보내기로 했다. 이 편지가 엄마와 지어야 할 매듭의 시작이라는 걸 윤재는 알았다. 이 매듭을 묶든 풀든 시작은 반드시 필요한 일이었다. 언제나 그랬듯 진경에게서 그 시작이 먼저 되지 않을 것이기에 윤재는 수차례 펜을 들고 종이를 버리고 다시 펜을 들기를 반복했다. 나는 엄마처럼 되지 말아야 해. 윤재는 부른 배를 쓰다듬었다.

윤재는 편지를 부치고 돌아섰다. 우체국 입구에 있는 몇 개의 계단을 천천히 내려갔다. 1층짜리 건물 입구에 왜 굳이 계단이 있어야 하는지 생각했다. 몸이 가벼웠을 때는 전혀 느껴본 적 없던 불편함이었다. 불어 있는 건 배 뿐만이 아니었다. 발목도 종아리도 모두 퉁퉁하게 부어 있어 윤재는 다리를 내려볼 때마다 곧 하마가 될 심산이라 여겼다. 그마저도 불룩한 배 때문에 발 끝이 보일락 말락 했다. 그래도 임산부로 살면 좋은 점은 곳곳에 도움을 자청하는 사람들이 꼭 나타난다는 것이었다. 오늘도 마찬가지였다. 번호표를 뽑고 기다리는데 앉아 있을 자리가 없어 서있으니 나이가 지긋한 어른이 앉으라며 자리를 양보해주었다. 사실 명치가 눌려 앉아있는 것이 더 불편한데도 차마 그의 선의를 거절할 수 없어 윤재는 감사하다고 고개를 끄덕이며 무거운 몸을 의자에 앉혔다. 자리를 비켜준 그는 흐뭇한 표정으로 윤재의 부른 배를 쳐다봤는데 윤재는 그게 썩 달갑지는 않았다. 바로 집으로 향하려다 내일 텃밭에 가서 먹을 과일을 좀 사야겠다 싶어 동네 작은 시장을 향해 발길을 돌렸다.

곧 시작될 장마에 날씨가 무겁게 가라앉아 있었다. 요즘 같은 날에는 언제 비가 와도 이상하지 않았다. 장마가 시작되기 전에 밭에 약을 뿌려야 한다. 습해진 흙에 벌레들이 더 꼬일테니. 4차선 도로를 두고 직선거리로 200m가 채 안 되는 동네 시장은 윤재가 자주 찾는 곳이다. 과일가게, 야채가게, 생선가게들이 딱 두어 곳씩만 있어 참 편리한 시장이었다. 한 집에서만 산다며 눈치 주는 주인들도 없었다. 제 집에 손님이 찾는 게 없으면 어이, 그거 있어? 하고 옆 집으로 보내곤 했다. 손님들도 그것이 익숙하고 편해 동네 마트보다 이 곳을 더 자주 들렀다. 윤재는 내일 텃밭에 들고 갈 자두를 찾았다. 윤재는 검붉은 피자 두를 좋아했다. 피자두를 처음 먹어본 건 어린 시절 병원에서였다. 주사 바늘이 꽂힌 작은 윤재의 손을 한참 들여다보던 윤재의 아빠 재철은 시장에서 피자두를 팔더라며 반가운 기색으로 자두를 꺼내 보였다. 그리고는 씻지도 않은 자두 껍질을 입으로 조금씩, 손으로도 조금씩 까서 윤재에게 건네 주었다. 윤재는 자두를 껍질 채 먹어도 된다는 걸 알았지만 재철이 얇은 자두 껍질을 정성스럽게 다 벗겨낼 때까지 참고 기다렸다. 한 알을 다 먹으면 또 말끔히 껍질을 벗겨낸 자두 한 알이 손에 들어왔다. 재철의 손 끝이 붉게 물들어 있었다. 윤재가 처음 들른 과일가게에 피자두가 없었다. 요즘 피자두 잘 안 나와. 시고 거무죽죽해서 사람들이 안 좋아해. 옆 집 가도 없을 거야. 그래도 윤재는 포기하지 않고 두 번째 과일가게로 향했다. 하지만 그 곳에도 자두가 없긴 마찬가지였다. 이 시장에 과일가게는 이 두 곳뿐이었다. 왜 사람들이 피자두를 안 찾는 건지 의아해하며 시장을 나서려는데 바닥에 박스를 깔고 장사하는 할머니 앞에 검붉은 피자두가 소쿠리에 담겨 있었다. 딱 여섯 알. 윤재는 반가운 마음에 가격도 묻지 않고 자두를 담아 달라고 했다. 할머니 이 자두 어디서 나셨어요? 요즘 잘 안 판다던데. 사람들이 몰라 그래. 이게 얼마나 맛있다고. 우리 할배 살던 집에 이 자두 나무가 많아. 할배랑 나랑 해마다 얼마나 소중히 키웠다고. 더 필요해? 더 필요하면 내일 또 와. 많이 있어. 아니에요. 혼자 먹을 거라 이거면 충분해요. 고맙습니다.

윤재는 아프지 않았다. 하지만 진경에게 왜 아프지 않은데 입원을 해야 하냐고 묻지도 않았다. 그저 화가 난 진경의 손에 이끌려 의사를 만났고, 곧 병실로 향했다. 진경과 재철이 심하게 다툰 직후였다. 두 사람의 싸우는 소리에 낮잠을 깬 윤재가 진경을 찾았다. 진경과 재철은 안방과 거실을 오가며 고성을 지르고 있었는데 하필이면 윤재가 거실에 나왔을 때 재철이 던진 라이터가 윤재의 귀를 아슬아슬하게 스치며 벽에 부딪혀 터지고 말았다. 그 바람에 윤재가 놀라 울기 시작했고, 진경은 짐을 싸 윤재를 데리고 집을 나섰다. 택시에 탄 진경은 윤재가 다치지 않았는지 살피지 않았다. 자다 깬 윤재는 흥분한 진경을 보고 서서히 울음을 그쳤다. 도착한 곳은 병원이었고, 윤재는 어디도 아프지 않았지만 진경이 이끄는대로 몸을 맡겼다. 혹시 모를 파편이 몸 어딘가에 있을지도 모를 일이었다. 그리고 오랜만에 온 병원이 윤재는 조금 반갑기도 했다. 병원에 오면 자신을 걱정해주고 자신의 이름을 따뜻하게 불러주는 사람들이 있다는 걸 윤재는 기억하고 있었다. 또한 윤재는 언제나 새로운 환경이나 상황에 당황하기보다 탐색하는 편이었기 때문에 이 곳에 자신이 알고 있는 것을 찾아내고, 모르는 것들은 기억해 두었다가 다른 환경에 갔을 때 이거였구나 하며 알아내는 재미를 일찍이 즐겼다. 윤재는 자신에게 행해지는 모든 광경들이 익숙한 것인지, 낯선 것인지를 판단했다. 혈관을 찌르는 주사 바늘은 예전에 봤던 것, 바퀴가 달린 침대는 처음 보는데 언니와 함께 쓰는 2층 침대처럼 납작하게 생겼고, 창문은 방충망이 없고 앞으로만 열린다는 점 등을 기억했다. 그리고 병원 창문은 왜 저만큼만 열리는 것일까 궁금했다. 진경은 윤재가 두리번거리며 주변을 살피고 있을 때 침대 옆 작은 수납함에 집에서 챙겨 나온 물건들을 정리했다. 휴지, 물컵, 칫솔 같은 것들이었고 윤재가 좋아하는 동화책이나 장난감은 하나도 없었다. 여기서 텔레비전 보고 있어. 엄마 장사하고 밤이나 내일 아침에 올게. 오늘 안 와? 봐서. 오늘 올 수 있음 오고, 너무 늦으면 내일 올게. 여기 선생님들이 밥이랑 약 줄 거니까 그거 잘 챙겨 먹어. 알았지? 윤재는 아프지 않으니 약은 안 먹어도 되지 않냐고 말하고 싶었지만 어느새 엄마는 병실에서 멀어져 가고 있었다. 건너편 아이의 엄마가 멋쩍은 표정으로 윤재에게 웃어 보였다. 안녕? 이름이 윤재구나. 우리 서혜랑 동갑이네. 친구야. 인사해. 윤재는 바늘이 꽂힌 손을 들었다. 서혜는 입을 오물거리더니 안녕이라고 작게 내뱉고는 바로 고개를 돌렸다. 서혜의 엄마가 다시 멋쩍은 얼굴을 하고서 웃었다. 윤재는 엄마가 빨리 오면 좋겠다 생각했다.

그 날도 윤재는 혼자 서혜의 책을 빌려 보고 있었다. 서혜는 말이 별로 없었지만 친절했다. 책을 빌려주면서 어느 부분이 가장 재밌고, 어느 부분이 별로인지 미리 알려주기도 했다. 윤재는 책을 읽기 전에 미리 내용을 아는 것을 좋아하지 않았지만 서혜와 나누는 몇 안되는 대화이기에 잠자코 이야기를 들었다. 그리고 책을 읽고나서는 서혜가 알려준 부분에 크게 공감하며 돌려주었다. 진돌이는 나쁜 개가 아니라는 부분이 가장 슬펐어. 서혜 네가 알려준대로 말야. 서혜의 엄마는 병원을 한시도 떠나지 않았다. 서혜가 일어나기 전에 일어났고, 서혜가 잠들고 나서 잠들었다. 윤재는 건너편에 누워 서혜의 이부자리를 만져

주는 서혜의 엄마를 보며 자신의 엄마나 아빠가 서혜의 엄마처럼 내가 자는 모습을 지켜봐 주면 좋겠다고 생각했다. 재철이 자두를 사온 건 윤재가 서혜에게 책을 돌려주고 TV 만화를 보고 있을 때였다. 재철은 그 날 자두 껍질을 벗겨주며 윤재에게 물었다. 아빠 따라 서울 갈래? 윤재는 처음에 그것이 소풍 같은 거라고 생각해 흔쾌히 좋다고 답했다. 놀러 가는 게 아니라 아빠랑 서울에서 사는 거 어때? 서울 가면 큰 아빠도 계시고, 오빠들도 있어. 엄마랑 언니는? 엄마랑 언니는 여기서 살고. 그럼 엄마랑 언니가 보고싶으면 어떡해? 재철은 다시 말없이 검은 봉투 속에서 자두 한 알을 꺼냈고, 그 뒤로 한참동안 보이지 않았다. 훗날 진경이 재철이 떠났을 때 이혼을 했어야 했다고 넋두리를 늘어놓았고, 그 말에 윤재가 그랬더라면 아빠도 지금처럼 불행하게 생을 마감하지는 않았을 거라고 재철의 영정사진 앞에서 읊조렸다.

윤재는 작년 가을 무렵부터 텃밭을 가꾸기 시작했다. 직장 동료가 가족끼리 텃밭을 가꾸면 좋겠다 생각해 분양을 받았는데 가족들이 관심이 없어 관리가 힘들다며 불만을 토로하는 날이 많았다. 양도도 돼요? 윤재는 평소 텃밭을 가꾸는 것에 관심 있는 건 아니었지만 동료가 이따금 가지나 고추 같은 것들을 조금씩 갖다주었을 때 '나처럼 혼자 사는 사람들에게 텃밭이 있어도 괜찮겠다'는 생각을 한 적이 있었다. 윤재의 물음에 직장 동료는 양도비도 받지 않고 냉큼 텃밭을 양도해주었다. 서류 몇 장에 사인을 하고 나니 3평짜리 텃밭의 주인이 되었다. 나한텐 골칫거린데 윤재씨는 아마 잘 가꿀 수 있을 거야. 뭐 키우고싶어? 윤재는 동료가 키우고 있는 것들을 그대로 키우겠다고 답했다. 밭에는 가지, 고추, 방울토마토, 그리고 시금치가 심어져 있었다. 자두를 사서 집에 온 윤재가 곧 파종할 시금치를 위해 땅에 뿌릴 석회를 찾았다. 지난 봄 첫 수확을 한 시금치가 웃자란 것을 보고 이웃 텃밭 주인이 땅에 석회를 뿌려야 한다고 일러주었다. 땅이 산성이면 안 좋다는 것이었다. 비 오기 전에 석회를 뿌려야 하는데. 혼잣말을 하며 좁은 집 곳곳을 찾아봐도 석회가 보이지 않았다. 비가 오기 전에 석회를 뿌려두어야 땅을 일일이 섞어주는 일을 덜 수 있었기에 윤재는 마음이 초조해졌다. 하루가 다르게 무거워지는 몸 때문에 윤재는 작은 일에도 서두르는 버릇이 생겼다. 자신이 하지 않으면 도와줄 이가 없기도 해서였다. 석회를 찾은 건 붙박이장 안에 있던 커다란 김치통에서였다. 몇 달 전 석회를 사두고 밭에 들고 가기 편하겠다싶어 비어있는 김치통에 부어둔 것을 까맣게 잊고있었던 것이다. 5kg가 족히 넘는 김치통을 꺼내며 윤재는 고개를 가로 저었다. '먹지도 않을 시금치에 이런 고생까지 할 일인가.' 지난 번 수확했던 시금치도 모두 나눠주거나 버렸다. 윤재는 어릴 적 그 날 이후 시금치를 전혀 먹지 않았다. '시금치 이게 뭐라고 참.'

　재철이 떠난 뒤 윤재가 동네 피아노 학원을 다니기 시작할 때였다. 윤재의 언니 윤미는 초등학생이었기 때문에 하교 후 웅변학원, 속셈학원, 미술학원, 피아노 학원 등을 돌며 시간을 보냈지만 윤재는 유치원을 다니고 있어 하원 후 달리 갈 곳이 집 말곤 없었다. 그래서 주로 진경이 일하는 포장마차에서 인형놀이를 한다거나 포차 앞 천변에서 아이스크림을 파는 삼촌들을 쫓아다니며 진경을 기다렸다. 그러다 종종 윤재가 진경에게 빨리 집에 가자며 보채거나 포차를 벗어나 몇 시간 동안 사라졌다 돌아오는 일이 생기자 진경은 윤미가 몇 년 전 다니던 피아노 학원을 기억해냈고, 윤재는 일주일에 5일은 그곳에서 오후를 보내게 되었다. 그곳은 피아노 학원이라 불렸지만 선화라는 선생님 한 명과 피아노도 한 대가 전부인 평범한 가정집과 다를 게 없었다. 교습비에 얼마를 더 얹으면 원하는 시간까지 아이를 돌봐주는 것이 그 학원의 존재 이유였고, 진경 역시 윤재를 그러한 이유로 학원에 보냈다. 나 피아노 못 쳐. 그러니까 배우라는 거야. 언니처럼. 윤미는 그 학원에서 피아노를 배운 지 얼마 되지 않아 어린이 콩쿠르에서 입상을 할 정도의 재능을 보였었다. 선화는 어느 날 진경에게 윤미를 더 큰 피아노 학원에서 배우게 하는 게 좋겠다고 말했고, 얼마 되지않아 윤미는 그 곳을 떠났다. 선화의 엄마 종순은 그 사실에 길길이 날뛰었다. 니는 돈 되는 아를 와 남의 학원에 보내노. 니가 이래 세상 물정 모르고 빙신처럼 착한 년 맹키로 다니니까 이런 시골 바닥을 못 벗어나는기다. 그 아쉬움 때문인지 윤재가 처음 피아노 학원을 들어섰을 때 종순은 윤재를 크게 반겼다. 니가 윤미 동생이제? 잘 왔대이.

문제의 그 날도 윤재가 여느 때와 다름없이 학원에서 시간을 보내고 있었다. 평소에도 선화와 종순의 사이가 살갑지 않았지만 그 날은 더욱 둘 사이 공기가 차가웠다. 윤재가 와도 종순이 방에서 나와 보지 않았고, 선화도 유독 얼굴이 굳어 있었다. 윤재는 유치원에서 준 간식을 먹지 않은 탓에 일찍 배가 고팠다. 피아노 연습 1시간을 채워야 저녁

밥을 먹을 수 있었기에 참아보려 했지만 어린 윤재의 주린 배는 피아노 소리보다 더 크게 울렸다. 건반 소리가 들리지 않자 윤재에게 다가간 선화가 그 소리를 듣고서 주방으로 향했다. 주방에서 잠시 달그락거리는 소리가 나더니 이내 짜르릉 하고 그릇 몇 개가 깨지고 말았다. 놀란 윤재와 종순이 주방으로 달려갔다. 선화가 한 손으로 깨진 조각들을 줍고 있었다. 나온나. 종순이 선화를 거칠게 밀쳐냈다. 선화가 왼팔을 붙잡으며 어색하게 한 켠으로 밀려났다. 선화의 왼팔은 더운 여름에도 언제나 토시나 긴 팔 옷으로 가려져 있었고, 왼손은 얇은 장갑이 껴져 있었다. 피아노를 가르칠 때도 오른손이 왼손의 역할을 했다. 윤재는 처음에 그것이 이상하다 여겼지만 곧 동네에 꼽추등을 한 과일가게 아저씨, 다리를 절름거리며 걷는 세탁소 아저씨처럼 선화도 한쪽 팔이 불편한 것이라 이해할 수 있었다. 윤재가 다시 피아노 연습을 하는 동안 종순이 주방에서 김밥 몇 줄을 내왔다. 밥 무라. 윤재는 재빨리 식탁으로 향했다. 선화는 윤재의 건너편에 앉았고, 종순은 등을 보인 채 그릇들을 정리했다. 급하게 만들어진 김밥에는 속재료가 많지 않았다. 물에 씻은 김치, 햄, 계란, 시금치가 전부였다. 윤재는 시금치가 가장 큰 비중을 차지하는 것이 마음에 들지 않았다. 진경이 가끔 동네 분식집에서 사온 김밥에도 시금치가 들어있어 먹어본 적 있었지만 맛없는 음식이라 생각했다. 시금치 안 먹어? 윤재가 포크로 시금치를 파내자 선화가 물었다. 윤재는 고개를 끄덕였다. 그 때 종순이 돌아보며 식탁으로 다가왔다. 내일 모레 학교 들어갈 아가 시금치도 못 무면 우짤끼고! 니 뽀빠이 모르나? 뽀빠이처럼 시금치를 무야 튼튼해지는 기라. 이 봐라. 니 슨생님 맹키로 이래 삐쩍 꼬를끼가? 종순이 고무 장갑을 낀 손으로 선화의 왼팔을 거칠게 들어올리며 말했다. 선화가 황급히 뿌리쳤다. 윤재가 입을 삐죽거리며 골라낸 시금치를 조금씩 입으로 가져갔다. 그래 묵지말고 자 입 크게 벌리봐. 윤재의 입으로 시금치가 가득 든 김밥 한 알이 들어왔다. 윤재의 입에 고무장갑과 시금치맛이 느껴졌다.

몇 번 억지로 씹던 윤재가 결국 참지 못하고 식탁 위로 토를 하고 말았다. 윤재가 입고 있는 옷 위로도 선화의 왼팔 위로도 윤재가 쏟아낸 것들로 엉망이 되었다. 당황한 윤재는 울음을 터트렸다. 울고 싶지는 않았지만 타이밍상 이 상황에 울어줘야 한다는 것을 본능적으로 알았다. 선화가 윤재를 달래며 걸레를 찾았다. 이래서 무슨 애들을 받겠다고. 쯧쯧. 니는 내 말 들었으면 이래 안 살았을낀데 다 니 고집으로 사는 바람에 이 청승 안 보나. 그 잘 치던 피아노 때려치고 사고나서 빙신되가 왔으면 사람 도리는 하고 살아야지 시집도 안 가고 너매집 새끼들 뒤치다꺼리나 하고, 이 뭐하는기고. 하기사 누가 저런 띨띨이를 데리고 살겠노. 니 때문에 내가 제명에 몬산다 진짜로. 종순이 날이 선 말들을 퍼붓는 동안 선화는 조용히 윤재가 토한 것들을 닦아내고 있었지만 윤재는 가늘게 떨리는 선화의 오른손을 볼 수 있었다. 자신의 울음소리로 종순의 말들이 묻히기를 바랐지만 울음이 커질수록 종순의 목소리도 높아져만 갔다. 선화는 윤재의 팔을 잡고 거실로 나가 윤재의 짐들을 챙겼다. 니 뭐하는데? 지금 데려다주면 우짤라꼬? 그 집에 야 엄마 없다! 종순의 말에도 아랑곳 않고 선화는 윤재를 데리고 나갈 채비를 했다. 윤재의 가방을 왼쪽 어깨에 들쳐 매고 오른손으로 윤재의 팔을 잡아 현관으로 향했다. 신발을 신고 문을 열고 나가려는 순간 종순이 윤재의 다른 쪽 팔을 잡아챘다. 현관문을 사이로 선화와 종순이 윤재의 양팔을 당기기 시작했다. 어느새 울음을 그친 윤재가 점점 팽팽하게 당겨지는 자신의 팔을 억지로 구부리려 애썼지만 두 사람 모두 힘이 강했다. 선화가 바깥을 향해 윤재를 당길수록 종순도 안쪽을 향해 윤재를 당겼다. 윤재는 이 모든 게 자신이 시금치를 먹지 않아서인 것만 같았다. '윤미 언니는 시금치를 먹을까?' 팔이 당겨지는 와중에 윤재는 윤미를 떠올렸다. 만약 윤미가 시금치를 먹는다면 자신도 먹을 수 있을 거라는 생각에서였다. 윤재는 뭐든 윤미가 하는 것을 따라 하고 싶어 했다. 윤미가 할 수 있는 것이라면 자신도 할 수 있어야 한다고 생각했지만 아직 윤재는 윤미보다 하지 못 하는 것들이 많다는 걸 스스로도 알고 있었다.

윤재의 팔을 먼저 놓은 건 종순이었다. 윤재가 팔이 아파 이제 그만 누구든 자신의 팔을 놓아주길 바라며 몸을 비비 꼬았고, 9월 초의 따사로운 햇살에 눈을 찌푸렸을 때였다. 종순은 윤재의 팔을 놓더니 현관문을 쿵 하고 닫았다. 선화는 그 길로 윤재의 팔을 놓지 않고 대문을 나가 버스를 타고 진경이 있는 곳으로 향했다. 도착한 곳에서 연신 머리 숙여 죄송하다고만 하는 선화에게 진경이 왜 그러냐고 물었지만 선화는 끝내 대답하지 않고 돌아섰다. 진경은 멀어지는 선화를 바라보다 윤재에게 시선을 옮겼다. 네가 선생님한테 뭘 했길래 선생님이 이렇게까지 널 내팽개치고 가. 어? 학원에서 잠깐 말 잘 듣고 있는 게 그렇게 어려워? 엄마 힘든데 너까지 왜 이래! 진경은 아무 속사정을 모른 채 윤재를 나무랐다. 윤재는 또 울음이 터졌다. 뭘 잘했다고 울어? 맨날 울면 다야? 나가 있어! 귀찮아 죽겠어 정말. 윤재는 진경의 포장마차 앞에서 쭈그려 앉아 그저 시금치가 먹기 싫었을 뿐이라고 속으로 되뇌었다. 딸꾹질이 나왔다. 차마 소화되지 못 한 시금치 맛이 아련하게 느껴졌다. 그 후 윤재는 다시 피아노 학원에 가지 않았다. 선화를 본 것도 그날이 마지막이 되었다.

윤재가 밭에 석회를 뿌린 지 일주일쯤 지나자 장마가 시작되었다. 그간 마른장마로 우중충하기만 하던 하늘이 장마다운 비를 시원하게 뿌려주었다. 윤재는 진경의 답장을 기다리고 있었다. 편지 말미에 꼭 답장을 해달라고 두 번 정도 강조해서 적었었기에 진경이 늦어도 1-2주 안에는 답장을 보내올 거라 생각했다. 외출 후 젖은 우산을 털며 우편함을 확인했지만 각종 전단지만 있을 뿐 윤재가 기다리는 것은 보이지 않았다. 윤재가 초등학교에 들어가면서 재철은 완전히 서울로 떠나게 되었다. 떠나던 날 집을 나서며 윤미에게 자신이 머무는 곳의 주소를 알려주었다. 언제든 좋으니 아빠가 보고 싶으면 편지를 하라는 것이었다. 윤미는 일주일에 한 번씩 재철에게 편지를 썼다. 글씨 쓰는 게 서툰 윤재는 윤미가 편지를 다 쓸 때까지 기다렸다가 꼭 자신의 이름을 적을 칸을 남겨 달라고 하며 뭐라고 썼는지 읽어 달라고 했다. 편지 내용은 대부분 학교에서 있었던 일, 진경에 대한 것들이었다. 그렇게 1년 가까이 윤미는 재철에게 꼬박꼬박 편지를 부쳤고, 한 달에 한 번쯤 오는 재철의 답장을 확인하러 우편함을 열어보는 것이 그 당시 자매의 일과가 되었다. 진경이 알면 노발대발할 것이라는 걸 직감적으로 안 자매는 암묵적으로 재철과 편지를 주고받는 일을 비밀로 했다. 재철에게서 온 편지 또한 방 안 가장 깊숙한 곳에 숨겨두었다.

그러던 어느 날부터 모녀들이 사는 집에 몇 중년의 남자들이 드나들기 시작했다. 처음에는 집에 물이 새는 것을 봐주러 오던 사람이었다. 그는 이따금 지나가며 들렀다고 집에 손볼 곳이 있으면 연락 달라고 말하더니 과일이나 장난감을 사 오기도 했다. 까맣게 그을린 피부와 육중한 몸집의 그를 한참 동안 올려다보던 윤재는 토라진 얼굴로 제 방으로 들어가는 윤미를 따라갔다. 언니 저 사람 누구야? 몰라. 난 저 아저씨 싫어. 왜? 몰라. 거인 같고 못 생겼어. 윤재는 윤미의 말이 맞다며 웃었는데 윤미는 여전히 입을 삐죽 내민 채 책상에 앉아 책만 들여다보았다. 그리고 한참 뒤 찾아온 이는 나이가 꽤 들어 보이고 항상 셔츠에 재킷을 입어 멀끔해 보이는 신사였다. 윤재는 희끗한 머리카락과 수염 탓에 할아버지라고 불렀는데 그때마다 그는 웃었고, 진경은 난처한 얼굴을 했다. 그는 올 때마다 값이 나가는 것들을 사 오곤 했는데 진경의 것은 없고, 모두 윤재와 윤미의 것들이었다. 그럴 때마다 진경은 어쩔 줄 몰라했고, 선물 때문이었는지 윤미도 그에게는 '고맙습니다' 정도의 인사를 했다. 모녀의 집에 피아노가 생긴 것도 그 덕분이었다. 윤미는 다른 어떤 선물보다 피아노를 반겼다. 피아노를 선물한 신사는 윤미에게 연주를 부탁했고, 윤미는 얼마 전 콩쿠르 대회에서 상을 받았던 체르니 40번 왈츠를 선보였다. 멋지게 피아노를 치는 윤미를 진경과 신사가 흐뭇하게 바라보고 있었다. '아빠가 이 모습을 보면 좋아할 텐데.' 신사가 떠나고 윤재는 윤미에게 아빠에게 오늘 있었던 일을 말하자고 했다. 피아노가 생겨 들뜬 윤미가 재철에게 편지를 써 내려갔다. 편지에는 거인 같고 못 생긴 남자가 이제 오지 않는다는 내용과 함께 양복을 입은 아저씨가 윤재에겐 레고를, 윤미에겐 피아노를 선물주어 우리 모두 기뻐했다고, 아빠가 얼른 집에 와서 피아노 치는 모습을 봤으면 좋겠다고 적었다. 윤재와 윤미는 편지를 부치며 오로지 재철의 기뻐하는 답장만 생각했다. 그러나 그 후로 재철의 편지는 없었다.

빈 우편함을 확인하며 윤재는 지난 날 재철에게 받았던 편지들을 모두 찢어버렸던 진경을, 그녀를 말리며 울고불고 소리를 질렀던 윤미를 떠올렸다. 거실 한복판에 흩어진 종잇조각들을 보며 윤재는 마치 재철이 영영 사라지는 것 같은 기분이 들었다. 편지가 사라지면 재철도 사라질 거라는 생각에 쏟아지는 눈물을 닦으며 종잇조각들을 주웠다. 진경은 아랑곳 않고 한 장의 편지도 남김없이 모두 찢었다. 그 후 윤재가 찢긴 편지를 상자에 담아 윤미에게 내밀었지만 윤미는 거들떠보지도 않았다. 한참 동안이나 진경이 하는 말에 대답도 않고, 피아노도 치지 않았다. 윤재는 두 사람 사이에서 얼마간 눈치만 보다 크게 감기 몸살을 앓았고, 그 일로 편지 사건은 일단락이 되었다. 윤재는 그때 그 편지들이 고스란히 남아 있다면 어땠을까 잠시 생각했다. 어른이 되어 다시 재철의 편지를 읽어보고 싶었다. 어린 시절 윤미가 들려준 아빠의 편지 내용이 하나도 기억나지 않았다. 윤미가 몇 년 전 서른을 앞두고 급성 간부전으로 세상을 떠났기 때문에 그때 재철이 편지에 뭐라고 썼는지 기억나냐고 물을 수도 없었다. 상상해보자면 잘 지내냐는 안부와 엄마 말 잘 들으라는 것이 대부분 아니었겠나 싶었지만 그래도 어느 날은 편지지가 두 장, 세 장씩 오곤 했었기에 어쩌면 재철이 어떻게 살고 있는지, 누굴 만나고, 언제 집에 올 것인지 등의 내용도 있었을 것이다. 낡은 상 하나를 펼쳐 두고 잔뜩 움츠러든 어깨와 굽은 등을 하고 딸들에게 편지를 쓰고 있는 재철의 모습이 눈 앞에 스쳤다. 어느덧 자신이 그때의 재철의 나이와 비슷해져 있음이 새삼스러웠다. '나라면 어떤 편지를 썼을까.' 잠시 윤재의 시야가 흐려졌다.

나흘 째 폭우가 이어져 전국 곳곳에 물난리가 났다는 뉴스가 계속됐다. 윤재는 텃밭 상황이 걱정되었다. 가지, 고추, 방울토마토 모두 줄기에 열매를 맺는 식물들이라 지지대가 튼튼해야 한다고 동료가 일러주었는데 지반이 약해져 지지대가 다 무너진 것은 아닌지, 지난번 뿌린 석회가 물에 떠내려 간 것은 아닌지 내일은 비가 오더라도 밭에 가봐야겠다 싶었다. 다음 날 날이 밝으니 굵었던 빗줄기가 가늘어져 있었다. 뉴스에서는 장맛비가 서서히 멎고 곧 무더위가 찾아올 거라는 기상예보가 나왔다. 윤재는 예전보다 마른장마가 길어진 탓에 비 오는 날이 줄어든 것이라 생각했다. 실제로도 물난리보다 가뭄으로 몸살을 앓는 곳이 더 많았다. 언제 또 빗줄기가 굵어질지 몰라 서둘러 나갈 채비를 했다. 현관 앞에서 신발을 고르며 한숨을 내쉬었다. 부은 발 때문에 맞는 신발이 거의 없었기 때문이다. 신발장 구석구석을 살펴보며 앓는 소리가 나올 때쯤 쌓여 있는 우산들 틈에서 장화 하나를 발견했다. 몇 년 전 시장에 갔다가 예쁘다고 사온 꽃무늬 장화였다. 신발가게 주인에게 230mm가 있냐고 물으니 그렇게 작은 장화는 없다고 크게 신는 게 편할 거라며 한 치수 큰 장화를 덜컥 비닐에 담아주어 집에 가져왔다가 발이 덜렁거려 한 번도 신고 나가본 적 없던 신발이었다. 윤재는 당장 장화 속으로 발을 넣었다. 부은 발이 큰 장화에 꼭 맞게 들어갔다. 신데렐라가 자신에게 꼭 맞는 유리구두를 신었을 때처럼 반가웠다. 다소 요란한 꽃무늬가 우스웠지만 비 오는 날 딱 맞는 장화를 신는 일만큼 완벽한 일이 어디 있겠냐며 집을 나섰다. 습관처럼 우편함을 들여다보았지만 여전히 텅 비어 있었다. '장마철엔 우편배달이 늦어질지 몰라.'

진경이 재철의 모든 편지를 찢어버린 후 얼마 지나지 않아 재철이 큰 짐가방들을 가지고 집으로 돌아왔다. 집에는 피아노가 사라지고 없었다. 윤미는 그게 못내 아쉬웠지만 재철이 피아노를 보면 슬퍼할 것이라 생각했기에 이웃집 아름이네가 피아노를 가져갈 때 아무 말도 하지 않았다. 윤미야. 가끔씩 아지매집 와서 피아노 쳐도 된다. 우리 아름이한테 피아노도 가르쳐주고. 알겠제? 윤미는 고개를 끄덕이고 집 밖으로 나가는 피아노를 끝까지 바라보지 않은 채 제 방으로 들어갔다. 그 후로 한 번도 아름이의 집에 가지 않았다.

윤재는 재철이 돌아오면 이상한 아저씨들이 집에 올 일도, 진경의 포장마차에서 꿔다 놓은 보릿자루 같은 신세가 될 일도, 무엇보다 진경의 돈 없다는 소리를 들을 일도 없을 거라 기대했다. 하지만 윤재의 바람과는 달리 두 사람은 언성을 높이며 다투는 날이 잦아졌고, 급기야 거친 몸싸움을 하기도 했다. 그럴 때면 윤미와 윤재는 이불속으로 들어가 울음을 삼켰다. 아빠가 다시 가버렸으면 좋겠어. 다투는 소리를 들으며 윤미가 이불속에서 말했다. 윤재는 생각했다. '난 엄마가 가버렸으면 좋겠어.' 윤재는 진경에게 자신은 없어도 될 존재라 느꼈다. 잘하는 것도, 흥미도 없어 학원도 금방 그만 두기 일쑤였고, 조용한 성격 탓에 활발히 친구를 사귀는 편도 아니어서 학교가 끝나면 집에만 있는 윤재에게 늘 진경은 넌 커서 뭐가 되려고 이러냐고, 나가서 놀 친구도 하나 없냐고 타박했다. '귀찮아. 정말.' 그 때문에 자라면서 윤재는 진경에게서 자신을 최대한 떼어낼 수 있는 방법을 찾는데 애썼다. 구미의 기숙사가 있는 고등학교에 지원한 것이 그 시작이었다. 그 후로도 계속 진경에게서 가능한 먼 곳으로, 최대한 멀리 떨어진 곳으로 떠났다.

  장마가 끝나고 불볕더위가 시작되었다. 땅 속에서 7년 동안 유충으로 있던 매미들이 우렁차게 울어 댔다. 성충이 되어 세상에 나와 사는 매미는 오로지 나무 수액만 먹으며 번식을 위해 울다 한 달만에 죽는다고 검사 결과를 기다리는 병실 안에서 윤미는 윤재에게 말했다. 그렇게 말하니까 매미 울음소리가 더 이상 시끄럽지가 않네. 그렇지? 어떨 땐 구슬프기까지 한다니까. 윤미의 눈 흰자위가 노랬다. 낯빛과 입술색은 까맸다. 유난히 하얗고 뽀얀 피부를 늘 부러워했던 윤재는 변해버린 윤미의 얼굴에 야속함을 느꼈다. 간 이식 가능 여부를 알아보기 위한 가족 검사를 진행했을 때 진경은 오지 않았다. 병상에 누워있는 게 윤재 자신이라면 이해할 수 있었다. 재주가 많고, 공부도 잘하고, 혼자서 무엇이든 척척 해내는 윤미를 더 아꼈음에도 왜! 왜! 윤재는 쉽게 납득할 수 없었다. 화가 난 윤재에게 진경이 몇 년 전 온 동네가 떠들썩하게 자살소동을 벌였던 일을 기억하냐고 물었다. 그 뒤로 재철의 장례식에서 처음 본 것이 마지막이었고, 근근이 전화 몇 통만 주고받았었다고 말했다. 진경은 끝내 윤미가 숨을 거두었을 때도 오지 않았다. 이모들은 윤재에게 자식 죽은 걸 창피해하는 사람도 많다며 너네 엄마도 오죽하겠냐며 온갖 변명을 늘어놓았지만 윤재는 그 일로 진경과의 절연을 결심했다. 그리고 진경과 더욱 멀어진 곳인 경기도 남양주로 이사했다.

장마가 끝나고, 시금치 파종을 끝낸 윤재는 이제 더는 빈 우편함을 보며 기다릴 수 없겠다고 생각했다. 배가 부를 대로 불러 당장 내일모레 양수가 터져도 이상하지 않을 시기였다. 대구행 기차를 검색했다. 진경이 자살소동을 벌이던 날, 윤재는 대구행 기차 안에서 자신이 살아오며 있었던 중요한 모든 순간에 진경이 부재했음을 곱씹었다. 지금 이 순간 진경이 수면제에 취해 잠들어 있을 응급실 그곳에 자신도 부재하고 싶다는 생각을 하면서 말이다. 그로부터 1년 뒤 재철의 사망 소식으로 다시는 가지 않겠다 다짐했던 대구로 향하는 기차에 윤재는 다시 몸을 실었다. 장례식장에 도착한 윤재가 진경을 보고 한 가장 첫 마디는 왜 먼저 죽지 않았냐는 것이었다. 사진도, 음식도 아직 제대로 준비되지 않은 허름한 장례식 한편에서 한 많고 억울한 건 자신이라고 가슴 치며 분통을 터트리던 진경이 윤재를 올려다보았다. 그렇게 괴로

우면 그때 먼저 죽지 그랬어. 니 지금 그게 무슨 말이고? 퍼뜩 가서 옷 안 갈아입나? 진경의 언니 미진이 윤재를 끌어냈다. 재철은 유서 한 장 없이 아파트 공사 현장에서 낙사했다. 사고의 정황은 없었다. 당시를 목격한 사람도 없었다. 유서가 없었고, 현장이 공사장이었으니 사람들은 모두 사고사라 말했지만 윤재의 생각은 달랐다. 진경은 그동안 포장마차로 번 돈, 재철이 식당과 호텔에서 벌어온 돈, 윤미의 장학금까지 그 모두를 남김없이 썼고, 빚까지 만들어냈다. 저마다의 이유는 있었다. 꼭 갚는다고 그랬어. 여기 투자하면 금방 오른다고 하는데 어떡해. 잠깐 만나다 만 사이야. 그냥 조금 아줌마들끼리 노느라 그랬어. 그럴 때마다 윤재는 더 먼 곳으로 도망갔고, 아직 진경에 대한 구재의 희망을 놓지 않았던 재철은 더 험지로 내몰렸다. '결국 아무도 알아주지 않는 일용직 근로자로서 죽음을 맞이하는 것이 모두에게 죄책감을 남기지 않고 떠날 수 있는 방법이라고 생각했겠지.' 윤재는 재철 또한 진경에게서 벗어날 방법을 택한 것이라 믿었다.

다음 날 첫 차로 대구에 도착한 윤재는 낯섦과 익숙함을 동시에 느낄 수 있었다. 대구를 온 건 만 9년 만이었지만 집으로 가는 건 스무 살 이후 처음이었다. 집으로 향하는 버스 번호, 어디에서 내리고, 어느 길로 걸어가는지 머리보다 몸이 먼저 알았다. 그 사이 재개발로 대부분 알아보기 어려울 정도로 변해 있었지만 찾아가는데 어려움은 없었다. 진경이 장사하던 천변 앞 포장마차 거리는 이제 상가와 오피스텔들로 가득 차 있었다. 천변 군데군데 자리했던 돌다리와 평상들도 사라지고 LED 불빛이 반짝이는 다리와 자전거길이 생겼다. '그때 그 아이스크림 팔던 아저씨들 모두 어디에서 무얼 하며 살고 있을까.' 윤재가 집으로 가는 버스 안에서 바뀐 풍경들을 보며 생각에 빠지는 사이 익숙한 정류장 이름이 들렸다. "삐익"

차 두대가 겨우 지나갈 만한 폭의 오르막길 초입에 있던 꼽추 등 아저씨가 하던 과일가게는 휴대폰 가게가 되어 요란한 음악소리가 나고 있었다. 그 밖에 많은 상가들도 신축 건물들로 변해 있었다. 분식집, 만화방 등 윤재가 학교를 다니며 자주 오갔던 곳들은 모두 흔적도 없이 사라지고 없었다. 윤재가 중학생이던 때 재철과 함께 이 오르막길을 오른 적이 있었다. 하교 후 정류장에서 내린 윤재가 익숙한 뒷모습을 향해 외쳤다. 아빠! 재철을 포함한 다른 중년의 남성들이 뒤를 돌아보았다. 윤재가 깔깔 웃으며 재철에게 향했다. 여기 우리 아빠가 여러명 있었네? 다소 지친 얼굴을 한 재철이 엷은 미소를 띠며 윤재의 가방을 내어갔다. 오르막길을 오르며 재철은 별다른 말이 없었다. 윤재는 재철에게 어디 갔다 왔냐고 묻지 않았다. 그맘때쯤 재철은 일하는 곳을 옮겨가며 전전긍긍하고 있었다. 오르막의 가장 가파른 구간에서 윤재는 재철을 앞으로 보냈다. 그리고는 재철의 등을 밀어주었다. 뭐 하는 거야? 안 그래도 돼. 아니야. 저번에 지혜가 이렇게 밀어줬을 때 엄청 편했어. 아빠도 편하지? 재철은 말리는 것을 그만두고 윤재의 팔에 몸을 맡겼다. 아악! 이러면 내가 포기할 줄 알고? 나 힘 세거든? 윤재가 재철을 오르막길 끝까지 밀었고 재철이 웃었다. 이제 그 오르막을 윤재는 곧 태어날 뱃속 아기와 함께 오르고 있었다. 한 여름날 아스팔트 열기로 더욱 숨이 차올랐다.

오르막이 끝나면 좁은 두 갈림길이 생기는데 오른쪽으로 가면 집이, 왼쪽으로 가면 피아노 학원이 있다. 윤재는 먼저 왼쪽 길로 향했다. 갈림길에 있는 건물들은 대부분 주택들이었기 때문에 아직 학원이 그대로 있을지도 모르겠다 싶어서였다. 잠시 설레는 기분을 안고 기억을 더듬어 발걸음을 옮겼다. 차 한 대가 다닐 수 있는 길 모퉁이를 돌면 벽돌색 담벼락이 있고, 이맘때면 그 위로 능소화가 가득 펴 있었다. 모퉁이를 돌자 담벼락 위로 흐드러지게 핀 능소화들이 보였다. 윤재가 선화를 마지막으로 봤던 날 윤재의 팔을 잡고 이 모퉁이를 빠져나가던 선화의 발에 능소화 꽃잎이 붙어있었다. 진경에게 향하는 버스 안에서 윤재는 꽃잎이 신발에 붙었다고 가리켰고, 그때 선화가 이 꽃의 이름을 말해주었다. 능소화나무가 있는 집 바로 옆 집이 선화의 집이었다. 회색 철문에 마당이 너른 단층 주택이었다. 철문은 짙은 갈색으로 바뀌어 있었지만 집은 그대로였다. 선화와 종순에게 양팔을 붙잡혔던 날을 회상하며 낮은 담벼락 안을 살펴보는데 현관문을 열고 누군가 나왔다. 챙이 넓은 모자를 쓴 중년의 여성이었다. 자신도 모르게 서둘러 반대쪽 모퉁이 끝으로 몸을 옮긴 윤재의 등 뒤로 대문이 열렸다 닫히는 소리가 들렸다. 뒤를 돌아보니 집을 나선 여인의 왼쪽 팔 소매가 더 긴 것이 보였다. 선화가 자신을 알아볼까 궁금했지만 윤재는 멀어지는 선화를 바라보기만 했다. 28년 전 포장마차 앞에서 멀어지던 그날처럼.

윤재는 선화가 사라진 모퉁이를 다시 돌아 나가 집으로 향했다. 편지를 부칠 때부터 진경이 이사 가지 않았을 거라고 확신한 이유는 그 집이 재철이 남긴 유일한 재산이었기 때문이다. 진경에게 그 집을 팔 용기가 없다는 걸 윤재는 잘 알고 있었다. 재철과 윤미가 떠나고, 자신마저 찾지 않는 그 집을 지키는 것이 곧 자신을 지키는 것임을 진경도 알고 있었다. 그나마도 팔 엄두도 못 내는 것이 지대가 높고 상권도 좋지 않은 곳이라 오랫동안 재개발 계획이 없던 곳이라 동네 사람들 대부분 세를 내주거나 자식들이 대를 이어 살았다. 진경의 집은 갈림길에서 다시 짧은 오르막을 올라 우측으로 난 계단을 오르면 동네에서 가장 지대가 높은 집들이 옹기종기 모여 있는 곳 중에서 초록색 대문을 한 집이었다. 다른 집들보다 안쪽으로 지어져 있어 대문 아래에 예닐곱 개쯤 되는 좁은 계단이 있었다. 작고 낡았지만 전망은 좋은 집이었다. 윤재가 대문으로 향하는 계단을 오르려는데 문이 덜컥 열렸다. 누군가의 부축을 받아 나오는 진경과 눈이 마주쳤다. 두 사람이 어안이 벙벙한 얼굴로 서로를 빤히 쳐다보고 있으니 진경을 부축하던 복지사가 진경을 향해 누구시냐 물었다. 윤재가 머뭇거리고 있으니 진경이 대문을 닫고 계단을 한 발 한 발 내디며 내려와 윤재에게 집 열쇠를 쥐어 주었다. 들어가 있어. 이번엔 복지사가 어안이 벙벙한 표정이 되었다. 윤재는 불편한 몸을 이끌고 복지사와 함께 떠나는 진경의 뒷모습을 바라보았다. 살집이 있어 건강해 보이던 진경의 몸이 놀랄 정도로 왜소해져 있었다. 잠시 진경을 뒤쫓아갈까 하다가 집에서 기다리는 것을 택했다. 낡은 대문이 다시 소리를 내며 닫혔다. 그러고 보니 오는 길에 어느 복지관 승합차가 시동을 켜고 있던 것이 기억이 났다. 윤재는 진경의 나이를 세어보았다. 자신과 서른 살쯤 차이가 나니 어느새

60 중반이 되었다는 것이 새삼스러웠다.

현관문을 열고 들어간 집 안은 대부분의 것들이 그대로였다. 피아노가 있던 자리 벽에 걸어 둔 드레스를 입은 윤미의 콩쿠르 사진 액자도 그대로였고, 졸업 앨범과 재철이 읽던 낡은 책들이 꽂혀 있는 책장들도 그 모습 그대로 하지만 좀 더 나이가 든 채 자리하고 있었다. 어린 시절 윤미와 함께 쓰던 방문을 열어보니 온갖 잡동사니들로 가득했지만 그 와중에도 윤미의 상장과 트로피가 진열된 책상 위는 깨끗했다. 피아노, 웅변, 미술 등 다양한 분야에서 받은 많은 상들 중 윤재의 것은 단 하나도 보이지 않았다. 윤재가 학교를 다니며 받은 상이라곤 개근상이 다였다. 윤미는 그게 제일 대단한 거라며 칭찬해 주었다. 볕이 잘 안 드는 집이긴 했지만 이 날씨에 에어컨도 없는 것을 보고 윤재는 그간 진경이 얼마나 궁상맞게 살았을까 하는 생각을 했다. 임신을 한 것을 알게 된 순간부터 지금까지 윤재는 진경과의 해묵은 감정을 해결하지 못한다면 좋은 엄마가 될 수 없을 거라고 믿었다. 그래서 어떻게 서든 진경을 만나 얽히고설킨 감정의 실타래를 풀거나 끊고 싶어 여기까지 왔지만 윤재는 도무지 자신이 없었다. 모든 것이 그대로였고, 진경 또한 변하지 않았을 것을 생각하니 속이 매스꺼웠다.

윤재는 깊은 심호흡을 하고 진경이 올 때까지 가만히 쉬며 기다리는 것이 낫겠다 싶어 거실 소파에 앉았다. TV도, 휴대폰도 보고 싶지 않았다. 책도 읽고 싶지 않았다. 이대로 잠시 잠드는 것도 좋겠다 싶을 때쯤 주방 식탁에 널브러진 종이들이 보였다. 거실에서는 식탁의 반 정도만 보였기 때문에 처음엔 저게 종이인지 식탁보인지 알아보기 어려웠다. 하지만 열린 창문으로 바람이 들어오자 종이 끝이 잠시 흩날렸다. 몸을 일으켜 식탁으로 다가가니 금이 간 유리로 덮인 칠이 벗겨진 식탁 위에 공책에서 찢긴 종이들이 쌓여 있었다. 윤재가 식탁 의자에 앉아 종이들을 차곡차곡 모았다. 열 장이 넘는 종이들 위로 삐뚤고 서툰 어린아이 같은 글씨가 쓰여 있었는데 종이마다 글자 수가 다 달랐다. 하지만 모든 종이는 똑같은 말로 시작되었다. '윤재에게'

그 말을 기억하고 있을 줄은 꿈에도 몰랐다. 네 편지를 읽고 그 날 일이 떠오르더라. 더는 모유가 나오지 않는데 분유가 먹기 싫다고 네가 하도 고집을 부려서 옆집 여자 모유를 동냥해 먹였는데 그게 참 눈치 보였어.

그런데 그날 이제 더 모유를 못 주겠다고 하는 그 여자 말에 서운하고 창피한 마음이 들어 욕을 퍼붓고 모퉁이를 돌아서는데 네가 배고프다고 우는 소리가 거기까지 나는 거야. 우는 너도 원망스럽고, 그 여자도 원망스러워서 네가 우는 그 방에 들어가 방문을 닫고 나도 한참 울었어. 다른 분유로 바꿔서 먹여보면 될 것을 그땐 그걸 몰라 미련한 내가 그냥 널 안고 울기만 했던 거야. 내가 왜 널 혼자 뒀겠니. 그리고 넌 유치한 걸로 우는 애도 아니었어.

그게 뭐가 웃긴 일이라고 쓸데없이 떠들었는지 모르겠다. 너에게 상처가 될 줄은 정말 몰랐어. 미안해. 엄마가 정말 미안해.

잊지 말 것!

호랭이

호랭이
작가 호랭이는 올해 37살이다. 여행과 맛집, 쇼핑을 좋아하는 평범한 프리랜서다. '불혹이 되기 전에 책 한 권을 출판해보자.'라는 생각으로 일상 에세이를 썼다. 누구나 한 번쯤 겪는 아버지를 잃은 슬픔, 첫사랑 등의 삶의 일부분을 지극히 평범하고 솔직하게 그리려고 노력했다. 우리 삶의 소중했던 일상을 잊지 않고 살아가는 것이 인생의 목표다.

blog: blog.naver.com/joyinj7787

별이 잘 보이는 곳

"안녕하세요!" "네, 어서 오세요." 정말 오랜만에 동네 카센터에 왔다. 카센터 사장은 항상 웃음으로 맞이했다. "엔진오일 좀 갈아주세요. 엔진오일 교체해주시고…. 일단 엔진오일만 갈아주세요." 엔진오일 갈고 차량 점검도 해야 되는데 말이 쉽게 나오지 않았다.

"네, 이 쪽에 앉아서 기다리세요. 금방 봐 드릴게요." 이곳은 참 머리가 아픈 곳이다. 엔진오일 갈면 또 다른 건 문제없나 생각에 생각이 꼬리를 무는 곳. 차를 사랑하지만 무한한 사랑을 줄 순 없기에 그 생각들은 오래가지 못한다. 지출되어야 하는 공과금, 아이들의 학원비 등을 생각하면 아픈 자동차를 한 번에 손 볼 수는 없다.

돌이켜보면 쉼 없이 달려온 것 같다. 아내와 평범한 연애를 하고 결혼하고 가정을 이루었다. 혼자 살 때와는 다르게 가정이 생기면서 씀씀이가 늘었다. 우리네 생활에 경제적 여유가 많으면 좋으나 그렇지 않은 때가 더 많다. 배우자 사랑에 자식 걱정, 부모님 생각, 직장 그리고 사업장 스트레스. 걱정거리가 산더미다. 주변인들과 얽히고설켜 연결되어 있는 게 가끔은 부담스러운 것이 솔직한 심정이다. 자녀들이 커가면서 현실을 걱정하는 시간이 확연히 늘었다. 한 가정의 가장이 되었다는 증거였다. 삶의 우선순위가 스스로에게서 가정으로 옮겨갔으니까. 우리 아버지도 그런 마음이었을 것이다.

"끝났어요. 타이어 공기압만 확인해 드릴게요." 사장은 엔진오일 교체 후 타이어에 바람까지 넣어 주었다. 장거리 여행에는 타이어 공기압이 중요하니 카센터 사장도 센스가 상당하다고 할만했다.

"별 어디로 보러 갈래?" 아내는 그동안 고민을 많이 했다. 아이들 등쌀에 못 이겨 결국 어디로든 주말여행을 가야 했기에. 여러모로 여행을 간다는 것은 나쁘지 않지만 다녀온 뒤의 여독이 오래가기에 신중했던 것이다.

"갔던 곳 가자." 아내가 드라이브 가고 싶은 곳도 있을 텐데 이번에는 반드시 지난번 여행 때 갔던 곳이어야 했다.

"그래." 아내는 내 의견에 아주 흔쾌히 동의해 주었다.

"yeah!" 옆방에서 함성이 터졌다. 아이들이 우리의 대화를 엿듣고 있었던 모양이었다.

"따뜻한 옷 입어! 아니면 가방에라도 챙겨." 지난번 강원도 여행 때 둘째가 감기몸살로 고생 꽤나 했기에 단단히 일러두어야 했다. 대관령 안반데기는 산자락이 깊고 고지에 있어 강원도의 칼바람이 한데 모였다. 무척이나 추운 곳이었다.

 막상 별을 보러 가기로 했으나, 나는 별에 대해 아는 거라곤 북두칠성 밖에 없다. 사실 북두칠성도 자세히는 모른다. 그냥 7개의 별이 어우러져 있는 것이라는 정도.

 어릴 적 하늘의 별이란 시골 할머니 댁에 가야 보이는 아주 귀한 것이었다. 시골 할머니라는 단어가 참 웃긴 것이 친할머니가 맞는 표현이지만 나와 내 동생은 당연하게 시골 할머니라고 불렀다. 어찌 보면 도시와 거리가 먼 시골에 계셨으니 당연한 논리지만 지금 생각해보면 충북 영동군 영동읍은 우리에게 심적으로 멀게 느껴지는 그런 곳, 우리 아버지가 태어나고 자라난 촌스런 공간이었다. 별이 집 근처 수도권에서는 거의 보이지 않았으니 어릴 적 그곳에서 별을 본다는 것은 요즘 말로 득템의 순간이었다. 한 밤 중에 아버지의 차를 타고 시골길을 달릴 때는 너무 무서웠다. 시골 할머니 댁에 도착하기 위해서는 칠흑같이 어둡고 캄캄한 밤을 반드시 거쳐야 했다. 엄마 품에 안겨 징징댈 수밖에 없었고 어머니는 우리를 달래느라 애를 먹었다. 그런 와중에도 아버지는 묵묵히 차를 몰았다. 우리 두 형제를 달래는 것은 늘 엄마의 몫이었다.

 "꽉 잡아!" 집에서 나와 3시간 만에 목적지에 거의 도착했다. 마지막 남은 도로는 무척이나 어둡고 캄캄했다. 차와 가로등이 드물었고 드문드문 초가집이 보였다.
 "엄마, 오줌 마려워." 첫째가 오랜 여정에 많이 참았던 모양이다.

"10분만 참아. 여긴 차가 다니는 길이라 위험해서 못 내려." 아내는 아이들을 달랬다. 구불구불하고 경사가 높은 길을 통과하는 것은 쉽지 않았다. 가끔 반대편 차량이 내려올 때는 속도를 줄이고 부딪치지 않기 위해 핸들을 잘 잡아야 했다.

"엄마, 나 어지러워. 귀가 멍하고 아파." 둘째도 불편함을 표현했다. 운전하는 나로서는 앞을 똑바로 보고 운전해야 했기에 긴장된 상태인데 아이들까지 징징대니 머리가 아팠다. 하지만 묵묵히 운전에 집중했다. 아버지가 그러셨던 것처럼. 이 촌스러운 도로와 동네를 나는 안전하게 가야 했다. 우리 아버지도 분명 이런 쓸쓸한 마음이었을 거다.

"별이 참 많네. 여기 둘이 나란히 서 봐." 아내는 딸들의 사진을 찍어 주기 바빴다.

"저기 할아버지 별이다. 가장 크고 제일 밝아." 큰 아이는 위치에 상관없이 가장 밝은 별을 '할아버지 별'이라고 불렀다. 할아버지가 우리 가족을 하늘에서 지켜주고 있다고 믿었다. 그래서 사진도 '할아버지 별'과만 찍었다.

이곳 안반데기는 별 보기 정말 좋은 곳이다. 조명이 드물고 높아 마치 하늘과 맞닿은 듯했다. 문득 아버지 어깨에 기대 별을 봤던 기억이 떠올랐다. 단단하고 포근했다. '아버지, 정말 보고 싶네요. 제가 많이 사랑합니다.' 대화 내용은 언제나 별 거 없다. 보고 싶으니까 보고 싶은 것이고 마음속 깊이 사랑하니까 '사랑합니다.'였다. 슬픔이 없어질 때까지 이 대화를 하려고 한다.

"아빠, 여기 또 오자. 우리 멋진 할아버지 보러." 딸들이 가장 크고 밝고, 가장 멋진 별인 '할아버지 별'과 인사를 나눈다. 어느덧 주변은 사람들로 북적거렸다. 이 분들도 누군가를 만나러 오셨을 것이다. 아버지, 어머니, 그리고 배우자일 수도 있고.

우리 아버지는 남자 중의 남자였다. 의리를 중요하게 생각하는 분이었고 타인에게 정직하게 대하는 것을 생명처럼 여겼다. 하지만 정작 본인에게는 결코 솔직하지 못했다. 아파도 안 아픈 척, 항상 괜찮다고 말씀하셨던, 전형적인 한국 남자였다. 어느 추운 겨울날 병원에 모시고 갔을 때는 이미 늦은 상태였다. 아버지 본인도 늦었다는 것을 분명 아셨을 거다. 아프셨으니까… 몸이 많이 아프셨으니까…. 오늘도 이곳에서 올리는 기도는 하늘에서는 아프시지 않으시길… 그리고 아프시면 아프다고 편하게 말씀하시길….

내년에도 이곳 안반데기를 찾을 것이다. 우리 부부에게는 아버지와 대화하기 좋은 곳, 두 딸들에게는 멋진 할아버지가 있는 곳이니까. 촌스럽고 인적이 드문 이곳의 무수한 별들 중 가장 크고 밝게 빛나는 아버지를 만날 것이다.

"무수히 많은 별들이 살아 숨 쉬는 곳, 안반데기."

사랑니

두통이 심하고 이에 피가 났다. 몇 달 전부터 양치질을 할 때마다 혓바닥에 피 맛이 감돌았다. 신경 쓰기 귀찮아 환절기 탓이다, 기분 탓이다, 하며 방치한 게 화근이었다. 이는 그렇다 쳐도 두통은 가만 두면 안 될 것 같아 과장님께 사정을 말하고 약국으로 향했다.

"이에서 피가 나요. 두통도 심하고요." 약사 선생님은 나를 빤히 바라보더니 뜸을 들이다가 입을 열었다. "치과 가세요. 치과 가셔서 치료받으면 약을 처방해 줄 거예요." 마치 내 통증과 아픔을 알고 있다는 듯이 너무 쉽게 말했다. 우스운 말이지만 34살 성인이 치과에 가본 적이 없었다. 그러다 보니 주변으로부터 들어왔던 톱니바퀴가 윙 하고 돌아가는 소리, 송곳이 뼈를 깎는 소리들이 난무하는 무서운 공간으로 치과는 내 머릿속에 자리 잡고 있었다. 나는 하는 수 없이 치과로 무거운 발걸음을 옮겼다.

"사진 촬영할게요. 여기 양쪽을 손으로 꽉 잡으시고 턱을 위로 올리세요. 아~하고 그대로 잠깐 계세요." 이렇게 이빨 사진을 찍는 거구나 싶었다.

"사랑니가 4개 다 났네요. 왼쪽 것은 곧게 났는데 오른쪽 아래 사랑니가 옆으로 났어요."

"어떻게 해야 되죠? 교정해야 하나요? 세우면 되나요?"

"아니요. 빨리 발치를 하셔야 합니다. 지금 빼지 않으면 옆에 있는 어금니가 영향을 받아서⋯." 의사 선생님은 덤덤히 통보했고, 나는 하는 수 없이 받아들였다.

문득 20대 때의 기억이 머릿속을 스쳐갔다. 풋풋한 대학교 시절 4년 내내 나는 한 여자만 바라봤다. 그녀 때문에 군 입대도 늦췄다. 친구의 소개로 만난 그녀는 내가 이상적으로 생각하던 여성이었다. 동갑내기인 우리는 함께 봉사활동도 하며 친해지게 되었다. 남들이 볼 때 그녀의 이미지는 아주 예쁘고 착했으며 상냥했다. 어느 지역에나 퀸카는 존재하지만 서울에는 그녀가 있었다. 그러던 어느 날 주변 친구들의 억지와 분위기 속에 우리는 교제를 시작하게 되었다. '이게 사랑이구나!' 내게 사랑이 온 것이다. 하지만 그녀는 그 마음이 아니었다.

"우리 다시 생각해보자." 그녀의 당당하고 사나운 말투에 당황하여 나는 몇 초간 머뭇거렸다.

"무슨 생각? 대체 무슨 생각이 필요해?" 그녀의 헤어지자는 말에 나도 모르게 화를 냈다. 그녀는 너무 일방적이었다. 헤어지자는 통보였다.

"이유가 뭐야? 요즘 왜 그래?" 알면서도 그녀의 마음을 재확인하고 싶었다. 하지만 그녀는 생각할 시간도 마음의 준비도 허락하지 않은 채 어린 나를 보챘다. 빨리 우리의 관계를 정리하고 싶었던 것이다. 몇 달간 그녀와 헤어지기 싫어 눈치 없는 행동이 나도 모르게 나왔다.

지금 생각해보면 그녀는 20대의 순수하고 서툰 사랑을 기다려 줄 수 없었다. 그녀의 마음도 아팠을 것이다. 비록 우리 관계에 있어서 이기적이었으나 그녀도 내심 마음이 편치 않았을 것이다. 그녀에겐 언제나 학업이 사랑보다 우선이었으니까. 결과로 따지면 우리 둘 사이에 잘못 싹튼 사랑이었다. 나만 압도적으로 사랑했던, 밀고 당김이 존재할 수 없던 그런 관계였다. 짝사랑은 아닌데 완벽한 짝사랑이었다.

"우리 헤어져. 다시 널 안 찾을 거야." 며칠이 지나고 어쩔 수 없이 내가 먼저 이별의 말을 꺼냈다. 며칠 동안 밥도 제대로 먹지 못하고 고민하다가 내린 결단이었다.

"그래." 기다렸다는 듯 그녀는 짧게 대답했다. 더 이상의 대화는 의미가 없다는 생각에 먼저 자리에서 일어섰다. 그렇게 4년 동안 이어온 관계가 몇 초 만에 산산조각 났다. 마음이 아프고 멍해 한동안 치유가 필요했다. 이 아픔은 결국 군 입대로 해결해야만 했다. 현실도피가 필요했고 빠른 처방이 필요했다.

"선생님, 뽑힌 사랑니 2개는 제가 가져가도 될까요?" "그러세요. 근데 많이 썩었네요. 지금 빼길 천만다행이에요. 아 그리고 발치한 부분에 새살이 나면서 실밥들은 자연스레 없어지니까 걱정하지 마시고요." 의사 선생님은 그렇게 나를 달랬다. 시간이 지나면 새살이 반드시 나며 아픔도 자연스레 없어진다고⋯.

사랑니를 뽑고 집에 오는 길이 무겁고 아팠다. 내가 잘못 키운 사랑이니 결국 내가 헤어지자고 말을 해야 했다. 이렇게 바로 이별할 수 없다. 내 사랑을 몇 주간 보관하기로 했다. 올바르게 바로잡지 못한 사랑이 썩어 발치될 때까지 알면서도 모른 체했던 몹쓸 마음에 대해 반성도 필요했다.

그녀는 헤어짐에 대해 어떤 마음이었을까? 새살이 날 때까지 나는 사랑에 있어서 한 단계 발전할 수 있을까? 일찍이 바로 잡고 싶었지만 그렇지 못한 내 마음에 미안하다.

"짝사랑에 힘들어하지 마세요. 불완전한 사랑은 발치합시다."

호랭이

"여기 보세요! 우리나라 지도를 옆으로 보면 호랑이가 손을 뻗고 있는 것이 보여요." 어릴 적 우리 학교 선생님은 그렇게 가르쳤다. 호랑이를 그리는 것인지 지도를 그리는 것인지 모르겠으나 칠판에는 호랑이가 그려졌다. 중간, 기말고사 문제에도 등장했으니 호랑이는 대단한 동물이었으며 '대한민국의 상징은 호랑이다.'라고 각인되는 계기가 되었다. 지금 생각해보면 너무 고전적이지만 그땐 그렇게 외우고 공부했던 기억이 난다. 요즘 학교 분위기는 어떨지 모르겠지만 어릴 적 들었던 수업 덕택에 기성세대라면 호랑이의 상징성에 대해 대부분 동의할 것이다.

근래에 들어와 동물원을 제외한 국내 야생에서 호랑이를 실제로 마주한 사람이 존재할까? 만약 있다면 그 느낌은 대충 짐작할 수 있을 것 같다. 몇 년 전 야산에서 홀로 산행 중 멧돼지와 1:1로 마주한 적이 있다. 누가 먼저 상대를 발견한 지 모르지만 녀석은 나를 쳐다보고 있었다. 산에서 누군가와 전화 통화 중이었는데 일단 전화부터 재빠르게 끊었다. 등에 털이 솟는 느낌, 이마에는 식은땀, 다리는 긴장되어 힘이 서서히 빠졌다고 해야 하나. 멧돼지를 빤히 바라보며 먼저 움직이길 바라는 간절한 마음. 인간의 생존 본능이 대단한 것이 그 짧은 순간에 과거에 듣고 배웠던 지식들이 뇌리에 빠른 속도로 스쳐 지나갔다. '먼저 움직이지 말아라, 등을 절대 보이지 말아라, 등등.' 다행히 짧은 눈싸움 끝에 녀석은 옆의 산길을 따라 뛰어갔다. 지금 생각해도 아찔한 추억이다. 멧돼지를 마주한 기억도 이렇게 인상 깊은데 호랑이를 야생에서 본다는 것은 상상 그 이상이다. 호랑이를 적으로 만난다는 것은 무섭고 두려운 일이다.

통상 호랑이는 동양 문화, 사자는 서양 문화로 구분 짓곤 한다. 한국은 동양이니까 호랑이에 더 가깝다고 말할 수 있다. 그렇기 때문에 억지로 호랑이가 우리의 상징이 된 것은 아닐까? 우리는 평소에 아주 가끔 호랑이의 웅장함과 용맹함, 역동성을 대한민국과 연결하는 것을 즐기는 민족이다. 대한민국 축구 국가대표팀 유니폼에도 호랑이는 존재한다. 유니폼에는 어느 순간부터 태극기를 밀어내고 호랑이 마크가 자리하고 있다. 상대팀에게 우리가 두려운 존재라는 것을 인식시키고 싶은 것이다. 하지만 이러한 노력은 막상 필요할 때만 호랑이를 찾는다는 인상을 준다. 한국 축구 발전을 위해 국가는 충분한 노력을 하였는가?

86년생 호랑이 띠인 내 이름에도 호랑이가 들어간다. 범 호. 어릴 적에는 강해 보이고 촌스런 이름이 너무 싫었다. 개인적으로 강한 이미지도 아닌데 호랑이로 불리는 것이 어찌나 싫던지… 개명하는 방법을 스스로 찾아보기까지 했으니 말이다. 때로는 사자이고 싶었던 적도 있었으니 호랑이는 내게 불편한 동물이었으며 나 또한 필요할 때만 내 이름을 해석하곤 했다.

호랑이라는 단어는 우리나라의 표준어다. 지방에서는 호랑이를 호랭이로 부른다. 호랭이라는 방언이 꽤나 촌스럽고 우습다. 그런데 중요한 것은 이 호랭이는 결코 남한에만 국한되지 않는다. 경기, 강원을 거쳐 충청, 경상, 전라, 제주 그리고 북한의 평북 지방까지. 더 넓게는 우리 조상들의 터전인 만주지역(중국 길림성)까지 호랑이는 호랭이로 불린다. 우리 민족 전체로 볼 때 호랭이가 역사적으로 더 가깝다. 표준어로 호랭이가 지정되어야 하는 것이 맞는 것이 아닌가? 하지만 우리에게 필요한 것은 언제나 치장된, 꾸며진, 인위적인 호랑이였다. 호랭이로 한국을 표현하기에는 촌스럽고 부끄러운 것이다.

몇 년 전 한국의 위상을 실감할 수 있었던 것 중 하나로 한류 문화를 꼽을 수 있다. 물론 한류는 현재 다양한 형태로 계속 발견되고 있다. 과거 우리는 잘 만든 드라마 하나로 국격을 높일 수 있었다. 이 파급효과는 상당했다. 아시아 관광객들이 우리나라를 찾게 되었고 소비시장이 내수에만 그치지 않고 국민들이 보다 다양하게 소득을 얻을 수 있는 것을 경험했다. 국민을 잘 먹고 잘 살게 하는 것이 국가가 할 일이지만 언제나 국위 선양은 지극히 평범하고 낮은 소시민들의 몫이었다. 하지만 잘 나가는 것에는 항상 위기가 뒤따랐다. 한일 갈등, 한중 갈등, 동남아에서의 부정적인 한국의 모습들은 멋지게 항해하던 한류 문화에 찬물을 끼얹었다. 국가가 외교를 잘하지 못해 발생한 결과는 고스란히 호랭이들에게 귀속되었다. 후에 이어지는 손실과 뒤처리 또한 호랭이들의 몫. 언제나 그랬듯 국가는 또 다른 호랑이를 물색하고 있었다. 이쯤 되면 보기 좋고 쓸모 있는 호랭이에 숟가락만 얹으면 된다는 안일한 생각이 한국의 발전을 저해하고 있다는 표현이 맞다. 새로운 신사업을 위한 도전정신에는 언제나 국가보다 호랭이들이 항상 선두에 나섰다.

한편 21세기 현재 호랭이들은 분열되어 살아가고 있다. 남과 북은 분단의 고착화가 심화되고 있으며, 남한 내 동과 서는 마치 조선시대 붕당정치를 보고 있는 것 같은⋯. 부정적이고 아쉬운 마음을 감출 수 없다. 그렇게 호랭이들은 우리의 뿌리와 역사를 잊은 채 살아가고 있다. 심지어 같은 지역 내에서도 좋은 것은 자기 것이며 더럽고 냄새나는 것은 옆 동네 것이다. 결국 나도 호랭이고 당신도 호랭인데 말이다. 지금 우리에게 필요한 것은 뛰어난 호랭이들을 하나로 묶어주는 구심점이다. 국가는 호랭이들이 마음 놓고 창의성을 펼칠 장을 마련해 주어야 한다.

2022년 6월 현재, 한국이 완벽한 호랑이로 거듭나려면 아직 갈 길이 멀었다는 생각이 든다.

"다시 쓰고 싶은 한류."
"가장 호랭이 같은 것이 가장 한국적인 것이다."

목요일

'오늘 무슨 요일이지?' 때때로 내게 묻는다. 어제를 생각하다가 요일이 도저히 생각나지 않으면 결국 내 눈은 스마트폰으로 향한다. 스마트폰 바를 내리니 오늘은 목요일이다. 너무 좋다. 오늘은 분명 좋은 날이다. 누군가 내게 '어느 요일을 좋아하세요?'라고 묻는다면 나는 주저 없이 목요일이다. 때로는 일주일이 월화수목~금금금 이라 선택이 쉽지 않지만 그럼에도 불구하고 굳이 고르라면 가장 좋아하는 요일은 목요일이다. 단순하게 말해 목요일은 아무리 힘들어도 다음날이 금요일이고 이어서 연결되는 주말이 있어서 너무 좋다. 기대심리가 적용된 것이다.

재테크의 한 부분인 주식 시장에서도 나의 경우에는 목요일이 가장 잘 된다. 미신 같고 심리 탓이지만 그동안의 재테크 일지를 분석해보면 목요일이 압도적으로 나와 궁합이 잘 맞는다. 그래서 어느 순간부터 좋아하는 사람을 만나거나 중요한 일을 할 때 주도적으로 목요일로 정하곤 한다. 다른 이유는 없다. 가장 잘 되니까. 관계도 사랑도 주식도 일도.

언젠가 오프라인 매장에 쇼핑을 갔는데 직원 분이 할인에 할인을 해주는 것이 아닌가. 정말 이래도 되나 싶은 생각이 들어서 오늘 무슨 날이냐고 물었다. 그 직원 분은 특별한 날은 아니다고 하면서 오늘 구매

하셔서 이렇게 할인을 해드리는 것이라고. 생각해보니 그날도 어김없이 목요일이었다. 오프라인 쇼핑에서도 목요일은 내게 중요하고 귀한 날이다. 금요일과 주말보다 사람이 덜 모이니 쇼핑몰에서 옷을 구매하더라도 매장 사장님이나 직원 분들이 할인을 톡톡히 해주는 것이라고 추측하곤 한다. 목요일에 쇼핑하는 것은 삶의 지혜다.

오늘은 운이 좋은 목요일이다.

"당신은 어떤 요일을 좋아하세요?"

아픈 맛이 있으면 좋겠어

코로나 19는 후대에 어떻게 기억될까? 2019년 말부터 발견된 코로나는 생각했던 것보다 후유증이 심각했다. 원인불명의 전염병에 감염되지 않으려고 사람들은 최대한 외출을 줄였고, 혹여 외출을 하더라도 마스크를 착용했다. 재택근무, 마스크, 거리 두기, 배달음식 등 새로운 일상이 활성화되었다. 초·중·고등학교는 물론, 대학교도 비대면 수업으로 전환되면서 학생들은 과거 대면 수업에서 얻을 수 있는 교우 관계, 사회성 등을 놓쳤다. 특히 사회생활을 막 시작한 대학생들은 2년 동안 아르바이트와 자기 계발에만 몰두했다. 새내기라는 단어가 무색하게 말이다. 대학로 등의 무대에서 펼쳐지는 공연 및 전시 또한 멈췄다. 거리 두기가 본격화되면서 문화계도 타격을 입은 것이다. 코로나 19에 감염된 사람은 일정 공간에서 격리되었으며 환자 치료를 위해 제약회사들은 신약 연구에 힘을 쏟았다. 물론 코로나 19는 아직까지 종식되지 않았으며 실외 마스크 착용이 해제되었음에도 마스크 착용은 외출 시 필수품이다. 2년 간의 생활 패턴이 쉽게 바뀔 순 없는 것 같다.

거리 두기가 강화되었을 때 우연히 서울 명동 거리 곳곳을 다녀 본 적이 있었다. 가는 곳마다 코로나가 할퀴고 간 자리는 치명적이었다. 길거리에는 사람이 드문드문 다녔으며 대화하기를 좋아했던 우리는 비대면이 새로운 일상이 되었으며 서로 간에는 대화를 자제했다. 방역을 위한 정부의 조치이지만 결과는 뼈아팠다. 적자를 견디지 못한 우리 동네 골목 식당들은 대부분 문을 닫았다. 기존 방식으로는 생계가 막막했기 때문이다. 제삼자 입장에서 피해 상인들의 마음이 어떨지 함부로 단정 지을 순 없다. 겪어보지 못한 사람들의 짐작은 당사자의 상심에 닿지 못할 테니까.

거리 두기 강화에 따라 배달이라는 무기를 장착한 배달 음식은 매출이 극대화되었으며 택배를 포함한 온라인 상권은 한 단계 업그레이드되었다. 외식의 매력인 사람 구경과 시끄러운 분위기가 없어진 것이 그리울 만큼 코로나 19 방역 지침은 강력했고 우리네 삶에 많은 변화를 가져왔다. 줄 잇는 폐업 신고와 사업 실패는 우리가 겪은 IMF 시대와 비슷했으나 한편으론 다른 양상으로 흘러갔다. 언제나 그렇지만 새로운 부익부 빈익빈 시대가 도래했다.

코로나 19 문제를 해결하기 위한 정부의 노력이 없었던 것은 아니다. 피해를 입은 골목 상권에 방역지원금과 손실보상금 등의 현금이 지원되었다. 그러나 문제는 이 혜택을 적절한 시기에 받지 못하는 사각지대 또한 존재했다. 자주 가는 김밥집 주인 할머니는 연세가 72세인데 스마트폰 사용도 서툴고 인터넷 이용도 익숙하지 않아 이러한 지원금들을 항상 뒤늦게 받으셨다. 피해 보상 시기의 적절성, 즉 골든 타임을 놓친 것이다. 이러한 사업장이 생각보다 많았다고 하니 마음이 썩 편치 않다.

나는 맛집을 좋아하는 편이다. 대중들이 즐겨 가는 식당을 찾아 나서기를 좋아한다. 하지만 코로나 19와 정부의 방역 지침은 내 생각을 변화시켰다. '지금 맛집이 중요한가?' 2년 동안 스스로 던진 솔직한 물음이었다. 단골 가게의 평범한 일상을 보는 것, 지키는 것이 코로나 시기의 도전이자 목표였다. 내게 맛집의 기준은 음식 맛도 중요하지만 식당의 분위기와 단골집 특유의 일상이 더 중요했다.

오늘도 나는 묵묵히 우리 동네 식당을 찾는다. 그 아픔을 온전히 느낄 순 없지만 최대한 아픈 맛을 함께하기 위해서⋯. 코로나 19 시기에 내게는 동네 식당의 맛과 평점보다 그들의 일상을 지키는 것이 더 소중했다.

"아픈 맛이 있으면 좋겠어."

엄마를 찾아라.

송민석

송민석 안녕하세요. 작가 송민석입니다. 5월부터 집필한 단편 소설이 드디어 책에 올라왔네요. 사실 이 이야기는 꽤 오래전부터 머릿속에 있었습니다. 현수라는 아이는 어릴 적 저와 꽤 닮았거든요. 물론 저는 현수가 아니었습니다만, 여러분에겐 언제든 사실로 다가올 수 있다고 생각합니다. 문학이 가진 능력은 공감과 이해라고 생각하거든요. 한 아이와 엄마의 이야기를 통해 가족의 사랑은 무엇인가 이야기를 하고 싶었습니다.

"우리 엄마가 아닐 수도 있어."

현수는 뒤통수가 볼록한 텔레비전 앞에 앉아있었다. 종종 엄마가 먼지를 닦아내다가 텔레비전 머리에 달린 안테나를 건드리는 날에는 치지직거리며 화면이 말썽을 부렸고 더 좋은 텔레비전이 있음에도 고장 나지 않았다고 바꾸지 않았다. 하지만 지금 현수의 찡그려진 미간과 두 눈 가득히 고인 눈물은 그것 때문이 아니다.

불과 5일 전 어머니는 파란색 파리채로 현수의 종아리를 때렸다. 현수가 알림장에 숙제를 일부러 적지 않은 것이 이 사건의 발단이었다. 5일 내내 숙제와 준비물이 보이지 않자, 이를 이상하게 여긴 엄마는 담임 선생님에게 전화를 걸었고 현수의 의도적인 거짓말이 들통났다. 현수는 종아리에 돋은 빨간 줄을 매만졌다.

거짓말이야 할 수 있지. 엄마도 거짓말쟁이면서. 엄마도 거짓말쟁이면서! 굳게 닫힌 안방 문을 향해 소리쳤다.

현수는 일어나서 방 안으로 들어갔다. 널브러진 동화책들과 손잡이에 금이 간 비비탄 총이 있었다. 어머니는 현수에게 멋진 비비탄 총을 사주기로 해놓고 깜빡 잊은 척 안 사줬다. 문방구에서 파는 200원짜리 불량 식품도 안 사주고, 어떨 때는 무릎이 아프다고 말하면 거인이 되겠다는 이상한 말만 반복했다.

"이씨. 엄마도 거짓말하면서."

현수는 포동포동한 손으로 눈물을 훔쳤다. 동시에 텔레비전에서 나왔던 한 애니메이션의 일화가 떠올랐다. 장난꾸러기 한 아이가 자신을 혼내는 엄마보다 자신을 아껴주고 많이 웃어주는 유치원 선생님이 '진짜 엄마'일 수도 있다는 착각을 해 집을 떠나 유치원으로 가는 일화였다. 현수는 자신의 진짜 엄마가 어디 있는지는 몰라도 이 집 안에 있는 엄마는 가짜 엄마일 수도 있다는 생각이 들었다. 현수는 파란 가방에 있는 크레파스와 알림장을 꺼내 방바닥에 던지며 말했다.

"나, 가출할 거야."

현수가 가출을 결심하게 만든 사건은 3일 전에 일어났다. 퇴근하고 돌아온 엄마의 볼에 여느 날처럼 뽀뽀를 했는데 엄마는 얼굴을 찡그리며 코를 막았다. "양치 안 한 거니?" 현수는 엄마의 갈퀴눈을 보고 가슴 속에서 무엇인가가 덜컥하고 내려앉음을 느꼈다. 얼마나 양치질을 안 했는지 자신도 알 수 없었다. 항상 현수의 손에 칫솔을 쥐여주거나 눈치를 줬던 사람은 엄마였다. 하지만 엄마는 요 근래 회사 이전 때문에 퇴근 시간이 늦춰졌고 평소에 양치질을 스스로 해오지 않던 현수는 무엇인가가 잘 못 됨을 뒤늦게 깨닫고 지레 겁을 먹어버렸다.

"...네...했, 했어요."

현수의 대답을 들은 엄마는 한마디 말없이 성큼성큼 걸어가 정사각

형의 갈색 나무 식탁 앞에 앉았다. 그녀의 눈빛은 멀뚱히 서 있는 현수에게 가 있었고 그 의미는 칫솔을 들고 이쪽으로 오라는 명령과 같았다. 현수가 화장실로 들어가자, 3살 터울의 누나 아진이 양치질을 하고 있었다.

현수는 아진의 뒤로 걸어가 검은 곰팡이가 핀, 원래는 하얀색이었을 지도 모를 정사각형 타일 앞에 섰다. 작은 흡착 고무에 의지한 채 달린 유아용 파란색 칫솔이 보였다. 거울을 통해 아진은 현수의 얼굴을 쳐다보고 있었고, 곧 아진은 칫솔질을 완전히 멈추고 현수를 째려보기 시작했다. 현수는 누나만 몰래 양치질을 해왔다는 사실에 원망어린 시선으로 응시하고, 아진은 거짓말에 대한 불만으로 시작된 눈싸움이었다. 3초 동안 그 둘의 눈빛은 거울 안에서 부딪혔다.

"칫솔 안 가져올 거니!?" 엄마의 불호령이 떨어지자, 아진은 "흥." 소리를 내며 더욱 열심히 칫솔질을 했다.

현수는 칫솔을 냉큼 뽑아 붉은색 세숫대야에 담겨있는 물에 넣었다 뺐다. 현수는 그대로 물이 뚝뚝 떨어지는 칫솔을 들고 거실로 향했다. 엄마는 여전히 식탁에 오른쪽 팔을 대고 턱을 괴고 있었다. 그리고 왼손 검지로 허벅지를 두드리며 시간을 쟀다. 현수는 재빨리 엄마 앞에 칫솔을 내려놓았다. 가슴에서 쿵쿵쿵 소리와 함께, 양쪽 종아리가 슬금슬금 떨리기 시작했다. 동시에 현수는 한 손으로 뒤통수를 긁었다. 그런데도 현수의 두 눈은 칫솔모를 만지는 엄마의 손으로 향했다.

엄마는 칫솔에 코를 가져다 댔다.

"엄마! 강현수가 세숫대야에 물 묻히고 갔어요!"

현수는 뒤로돌아 우악스럽게 소리치고 있는 아진을 째려봤다.

"쟤 양치 안 했어요, 엄마! 제가 다 봤어요! 강현수 거짓말쟁이!"

"배신자! 혼자 몰래 양치하니까 좋냐! 너야 말로 거짓말쟁이야!"

현수는 덩달아 소리쳤다. 엄마는 붉어진 얼굴로 말했다.

"강아진! 조용히 해! 방으로 들어가 있어."

아진이 말없이 방으로 들어가자, 엄마는 식탁 위에 칫솔을 내려놓고 현수 앞으로 왔다. 현수는 눈을 내리 깔고 바닥을 보았다. 얼굴 가득 퍼지는 열감과 함께 머리속으로 엄마에게 가장 가까운 회초리가 생각났다. 하지만 엄마는 회초리가 있을 냉장고 옆이 아닌 바닥을 바라볼 뿐이었다. 현수는 지금 당장 할 수 있는 말이 떠오르지 않았다.

"...엄마."

현수의 말이 끝나기 무섭게 엄마는 휙 하고 뒤로 돌아 의자에 걸린 가디건과 가방을 챙기며 매섭게 말했다.

"강현수. 이젠 때리지도, 혼내지도 않을 거야. 너가 알아서 해. 내일 마트는 아진이랑만 갈 거니까 그렇게 알고 있고."

엄마는 현수를 지나쳐 안방으로 들어갔다. 쿵 소리가 나자 현수는 몸을 돌려 굳게 닫힌 안방문을 쳐다봤다. 분명 맞지 않은 것은 다행이었으나 심장박동은 더욱 거세졌다. 어리기에 아무것도 모르는 현수지만, 회초리보다 무관심이 더욱 무섭다는 것을 본능적으로 느낄 수 있었다. 거실에 홀로 서있던 자신의 모습과 엄마의 차가웠던 얼굴이 떠오르자 현수는 또다시 눈시울이 붉어졌다.

"우리 엄마가 아닐 수도 있어. 철수 엄마는 시금치 안 먹는다고 혼내지 않아. 또 철수 엄마는 비비탄 총도 사주고, 생일 때마다 초코 케이크도 사주고, 또 놀이동산에서 아이스크림도 사줘. 또 숙제를 안 해도 안 혼내. 우리 엄마는 진짜 엄마가 아닐 수도 있어. 엄마라면 더 잘해줄 거야."

현수는 파란색 가방을 열어 주름진 하늘색 사각 팬티와 캐릭터가 그려진 티셔츠, 비비탄 총을 넣었다. 방학이 시작되자마자 현수가 준비한 가출 아이템들이었다. 첫번째 행선지는 유치원이었다. 화 한번 안 내고 초코 쿠키를 쥐여주던 개나리반 한유진 선생님. 왠지 선생님이라면 내 진짜 엄마가 누군지 알 것 같았다. 현수는 짐을 챙겨 집 밖으로 나갔다.

"선생님!"

현수를 본 한유진 선생님의 눈은 휘둥그레 커졌다가 금방 평소의 반달 눈으로 돌아왔다.

"어머, 우리 현수구나. 엄마가 많이 바쁘시지? 친구들이 기다리고 있어요~."

현수는 제자리에서 방방 뛰며 눈빛을 반짝였다.

"선생님! 선생님! 저 물어보고 싶은 게 있어요! 엄청 중요해요!"

미소를 지은 선생님은 허리를 숙여 눈높이를 맞췄다.

"그게 뭘까요?"

"저, 저, 저..."

머리속에 떠다니는 질문은 한가득인데 입 밖으로 나오지 않았다. 얘기를 하려할 수록 가슴팍이 무거워졌다.

현수는 으 소리를 내며 두 손으로 주먹을 쥐었다.

"...진짜 엄마! 진짜 엄마! 진짜 엄마!!"

선생님은 놀란 표정을 감추지 못하며 하얀 손가락으로 입을 가렸다.

현수의 짧은 외침 때문에 그런 것인지 몰랐다.

하지만 선생님은 말없이 두 손으로 현수의 양쪽 볼을 감쌌다. 선생님의 차가운 손길이 느껴졌다. 동시에 자신의 얼굴은 아주 뜨겁게 익어 있었다는 것을 깨달았다. 눈물이 흐르고 있었다.

현수도 왜 눈물이 흐르는지 알 수 없었다.

"현수야, 울지 말고 천천히 얘기해보렴. 무슨 일이 있었던 거니?"

"진, 진짜 엄마가 누구예요? 엄마는 엄마가 아니예요."

현수는 손등으로 자신의 눈물을 닦아내며 소리쳤다.

"어, 어, 그건...그러니까."

선생님은 눈을 이리저리 굴리며 말꼬리를 끌었다.

"으아앙-"

답답해진 현수는 울음을 터트렸다.

"선생님이 초콜릿 사줄까? 우리 현수 친구들이 기다리는데 이렇게 울면 못 놀러가요~ 응?"

"선생님 말해요!"

현수는 고개를 들어 선생님을 쳐다봤다.

"초콜릿 먹기 싫어요? 두 개 줄게요."

선생님은 주머니에서 정사각형의 작은 초콜릿을 꺼내 보였지만 현수의 두 눈은 흔들림 없이 선생님을 향해 있었다.

"...세 개 줄게요. 친구들이랑 기분 좋게 놀고 천천히 얘기해 줄게요 ~ 괜찮죠?"

현수의 눈은 천천히 선생님의 손위에 있는 초콜릿으로 향했다. 세 개의 초콜릿에는 같은 동물이 그려져 있었는데, 하필이면 현수가 가장 좋아하는 사자였다.

"..."

서글픈 감정이 가라앉기 시작했고, 입에는 마중물처럼 군침이 올라왔다.

"강현수 어린이~ 이거 안 먹을거예요? 이거 먹고 엄청 재밌는 거 할 건데?"

현수는 초콜릿을 집었다.

현수는 친구들과 함께 선생님을 따라 경복궁으로 향하고 있었다.

새파란 하늘, 선생님이 사다 준 분홍색 솜사탕은 현수의 우울한 기분을 바꾸기에 충분했고 맨 처음 선생님을 만나러 온 이유를 까먹고는 친구들과 웃으며 뛰어다니기 시작했다.

어느새 하늘은 주황색으로 물들었으며, 선생님은 아이들을 한데 모아 사진을 찍었다.

현수가 보낸 일주일 중 가장 행복한 하루였다. 몇몇 아이들은 퇴근하고 돌아온 부모님의 손을 잡고 집으로 귀가했다. 현수는 마지막 초콜릿을 입에 넣고 학부모들과 인사하는 한유진 선생님을 바라보고 있었다. 달콤한 초콜릿, 행복한 하루, 아무리 울어도 차분하게 웃어주는 선생님이 엄마였으면 얼마나 좋을까. 선생님의 미소 가득한 얼굴이 노을 빛에 주황색으로 물들었다. 현수는 선생님에게 다가가 벅찬 가슴을 안고 말했다.

"선생님."

"현수 어린이 재밌게 놀았어요?"

"엄마."

현수의 말에 미소 가득했던 얼굴은 멈칫하더니 이내 당혹스러움으로 변했다.

"음,"

"유진씨. 이게 무슨 말이죠?"

선생님 옆에 서 있던 회색 정장의 남성은 네모난 뿔 테 안경을 올리며 물었다.

"아, 형원씨. 그게."

현수는 선생님의 허벅지를 감싸며 웃었다.

"엄마! 엄마잖아요! 맞죠?"

선생님은 두 손으로 붙어있는 현수를 밀어냈다.

"형원씨, 우리 유치원에 다니는 강현수라는 아인데, 요즘 만화에서 유행하는 걸 따라하는 모양이에요. 하하. 제가 아이가 있을 리가 없잖아요."

"아, 그렇군요. 죄송합니다. 놀랐잖니. 현수야."

현수는 멍한 표정으로 선생님을 쳐다봤다. 선생님은 여전히 남성을 보고 있었다.

"그러면 우리 엄마는요? 그러면, 우리 아빠는요?"

"현수야. 선생님 화낸다. 곧 엄마 오실텐데 자꾸 이러면 혼나요."

"엄마요? 가짜 엄마요, 진짜 엄마요."

"쓰읍-"

선생님은 허리춤에 두 손을 올렸다. 보통 한유진 선생님이 이런 행동을 하면 아이들은 얌전히 기다렸지만, 현수에겐 어림도 없었다.

"가짜 엄마요? 진짜 엄마요?!"

"강현수! 선생님한테 혼나야겠어! 진짜 엄마 오면 이를 거야. 알겠어?!"

"엄마요?!"

현수는 토끼 눈을 뜨고 다시 물었다.

"엄마가 여기 온다고요?!"

무릎 뒤쪽이 떨려 오기 시작했다. 엄마에게 붙잡힌다면 다섯 대로 안 끝난다. 집안에 회초리라고 부를 수 있는 모든 것들을 가져와 한 대씩 때려도 부족할 만큼 많이 맞을 것이라는 예감이 들었다. 현수는 선생님과 뿔 테 남성을 뒤로한 채 퇴근길 인파가 가득한 도보로 뛰쳐나갔다.

"강현수! 거기 안 서?!!"

현수는 횡단 보도 뒤에 있는 벤치에 앉았다. 몇 미터를 내달렸는지도 몰랐다.

퇴근하는 사람들이 인도를 한가득 채우고 정체된 차량들은 도로위에서 경적소리를 냈다.

　네 다섯 명의 노인 들만 현수를 흘깃흘깃 쳐다봤다.

　현수는 더이상 울지 않았다. 혼자 남겨진 이곳에서 또다시 전날의 기억이 날 뿐이다.

　날카롭고 무거운 경첩소리, 부엌불만 켜진 거실에서 홀로 안방문을 바라보던 자신이 떠올랐다.

　"아빠도 없는 게 까불어!"

　진달래반 철수는 로봇을 사이에 두고 소리쳤다. 나보다 크고 멋진 비비탄 총을 한 손에 쥐고는 그 녀석의 욕심은 줄어들지 않았다. 순전히 선생님들이 다같이 재밌게 놀라고 사 놓은 로봇이었건만 아버지가 없다는 이유로 포기할 수밖에 없었다. 현수는 옆에 떨어져 있는 나무 큐브를 줍고 있는 힘껏 던지려고 했지만 그 마저도 진달래 반 김기철 선생님에 의해 저지당했다. 그 누구도 현수의 아빠는 없지 않다고 말하지 않았다. 현수는 소리치고 떼쓰며 옆에 쌓아 놓은 나무 탑을 발로 찼다. 그 결과 친구들은 현수에게 고질라라는 별명을 붙이기 시작했고, 선생님들은 부랴부랴 엄마에게 전화를 걸어 상담 요청을 넣었다.

　"엄마, 왜 나는 아빠가 없어?"

　원장실에서 엄마는 한동안 말없이 현수를 보았다. 그리고 천천히 손을 잡고 웃으면서 기어가는 목소리로 말했다.

　"아빠는"

　현수는 엄마의 얼굴을 유심히 바라봤다. 머리칼, 눈썹, 붉어진 눈, 볼 위 작은 점, 떨리는 입술.

　무엇인가를 참으려는 듯, 입은 또 다시 찔끔거렸다. 마치 생일 선물을 사주지 않으려 거짓말을 지어내는 듯한 모습이었다. 현수는 획하고 고개를 돌리며 답했다.

　"아빠 없어도 돼. 현수는 로봇 재미없어."

　현수의 집은 11번 시외버스의 종착역 근처에 있다. 버스에서 내려서 오르막길로 10분 정도 걸으면 다세대 주택이 보이는데, 외벽에 붙어있는 ㅁ은 낡아 떨어져 아르 빌라로 보인다. 겨울이 오면 누나가 입었던 핑크색 내복은 현수가 물려 입는다. 동화책은 누나가 낙서를 했는지 현수가 모르는 아이가 낙서를 했는지 알 수 없다. 백설공주 14페이지는 찢겨져 반 밖에 안 남아 있었다. 악몽을 꿀 때면 안방으로 들어가 엄마의 검지손가락을 잡았다. 현수네 가족은 석 달에 한번 통닭을 시켜 먹지만 엄마는 현수가 철수와 싸운 날 통닭을 시켰다. 아진은 닭다리를 뜯어서 현수 접시 위에 올려놓고는 통명스럽게 말했다.

　"다리 너 먹어. 난 날개가 좋아."

　현수는 생각을 그만하고 주위를 둘러봤다. 문득 자신을 둘러싼 어른들의 시선이 무섭게 느껴졌다. 벤치에 앉아 담배를 피는 할아버지의 눈, 교복을 입고 골목에서 침을 뱉는 학생들, 길거리에 비둘기가 죽어있든, 쓰레기가 너저분하든 아무 상관 안하고 걸어가는 사람들의 눈빛. 현수는 벤치에서 일어나 소리쳤다.

　"엄마? 누나! 엄마!"

　주위를 둘러봐도 엄마의 모습은 보이지 않았다.

　"어, 어, 어..."

현수의 팔다리는 사시나무처럼 떨리기 시작했고 사람들의 피부색은 보라색으로 보였다. 현수는 무작정 자신이 뛰어왔던 길을 향해 걷기 시작했다. 하지만 얼마 못 가 모르는 남성의 토트백에 어깨를 치이고는 땅바닥에 널브러졌다. 고개를 들자 빠른 속도로 다가오는 검은색 구두가 보였다. 현수는 눈을 질끈 감았다. 순간 몸이 붕하고 공중에 떠올랐다. 자신의 가슴에 닿은 뜨거운 피부와 쿵쾅거리는 심장박동, 머리칼을 감싼 가냘픈 손가락이 느껴졌다. 현수는 천천히 눈을 떴다.

"현수야 괜찮아? 어디 다친 곳은 없어? 어디 봐."

엄마의 마스카라는 눈꼬리까지 번져 거뭇하게 보이고 코 위로는 땀방울이 송골송골 맺혀 있었다.엄마는 두 손으로 현수의 얼굴과 어깨를 만지며 눈으로는 무릎을 훑어봤다. 현수의 볼 위로 눈물이 주르륵 흘렀다.

"으아앙-"

현수는 울음을 터트리며 엄마를 안았다. 엄마는 조용히 현수의 등을 토닥이며 말했다.

"괜찮아, 괜찮아, 엄마가 있어. 엄마가 왔어."

엄마의 음성은 떨리고 있었고 현수는 더욱 크게 울어 댔다.

저녁 8시. 인도를 밝게 비추는 전등이 가로수를 따라 서있다. 현수와 엄마는 벤치에 앉아있었고 건너편에는 한 가족이 카페 야외 테라스에 앉아 케익과 음료수를 한가득 올려놓고 얘기하고 있다. 현수는 아빠로 보이는 남성이 자신의 또래의 아이를 무릎위에 앉혀 놓고 장난치는 것을 곁눈으로 흘깃 쳐다보다가 그 옆에 있는 아이의 엄마를 봤

다. 그 엄마의 손에는 붉은색 비닐 포장지로 감싸져 있는 선물이 보였
다. 현수는 어느새 자신과 같은 것을 보고 있던 엄마의 시선을 느끼고
다시 고개를 숙였다. 하지만 엄마는 다른 것을 보고 있었다. 초코 케익
위 촛불의 개수는 7개였다. 엄마는 아이와 눈이 마주치자 황급히 고개
를 틀어 자신의 머리칼을 쓸어 넘겼다.

현수가 좋아하는 케익의 종류가 무엇이었는지 안 떠올랐다. 동시에
한유진 선생님이 말했던 내용이 머리속에 맴돌았다.

"저, 어머님. 이런 말씀드리기 죄송하지만, 현수가 진짜 엄마를 찾
고 싶다고 했어요."

현수는 고개를 돌린 엄마를 쳐다봤다. 붉어진 목, 작게 떨리는 어깨,
헝클어진 머리칼. 확실히 참기 힘든 분노가 엄마를 이렇게 만든 것이
분명해 보였다. 현수는 떨리는 마음으로 천천히 입을 뗐다.

"...엄마."

엄마는 답이 없었다. 엄마의 차가운 표정이 떠올랐지만, 떠날 지도
모른다는 원초적인 두려움이 더욱 컸다.

"엄마가 비비탄 총 안 사줘도 괜찮아. 거짓말한다고 혼내도 괜찮아.
아빠가 없어도 괜찮아. 나는 엄마만 있으면 되니까. 현수가, 현수가 잘
못 했어."

현수가 다급히 말을 쏟아냈지만, 엄마는 고개를 숙이며 두 손으로
얼굴을 감쌌다.

현수는 대답이 없는 엄마의 행동에 더욱 불안해지기 시작했다. 현
수는 손을 뻗어 엄마의 왼 쪽 손을 붙잡았다. 작게 떨리고 있었다.

"엄마, 현수가 잘 못 했어요. 다시는 거짓말 안하고 누나랑 안 싸우고 숙제하고 그럴게요."

엄마는 일어나서 현수의 앞에 무릎을 굽히고 시선을 맞췄다. 전등에 엄마의 광대 위로 흐른 눈물이 반짝이고 있었고, 붉어진 얼굴과 함께 입술은 작게 떨리며 웃고 있었다. 엄마는 현수의 얼굴을 쓰다듬었다.

"엄마는 화 안 났어. 오히려 현수가 자랑스러운 걸?"

현수는 엄마의 눈을 바라보고 있었다.

"혼자서 유치원도 갔다 오고, 친구들이랑 사이좋게 지내고, 먼저 용기 있게 엄마한테 미안하다고 말도 할 줄 알고. 근데 엄마는 그것보다 현수가 이거 하나만 기억해 줬으면 좋겠는 게 있어."

현수는 작은 손으로 엄마의 검지를 꽉 붙잡았다.

"엄마가 더 잘 챙겨주지 못해도, 비비탄 총도 못사주고 혼내기만 해도, 어떤 상황이 오든 엄마는 현수를 항상 사랑한다는 거."

현수는 말없이 엄마의 어깨에 얼굴을 파묻고 흐느끼기 시작했다.

현수와 엄마는 손을 잡고 밤거리를 걸었다. 두 사람의 그림자는 전봇대를 지나칠 때마다 작아졌다 커지기를 반복했다. 전봇대가 그 둘의 머리 위에 있으면 점처럼 작아지고 점차 멀어지면 다시 늘어나 가로수의 그림자처럼 보이기도 했다. 현수와 엄마가 두 개의 전봇대 사이를 걸어가면 그림자는 적당하게 앞뒤로 넓어졌다가 작아졌다. 그런데도 둘 사이를 이어 놓은 팔의 그림자는 끊어지지 않았다.

당신을 기억합니다.

정현두

정현두   모든 것으로부터 자유롭길 꿈꿉니다.

오늘은 그녀가 준비한 '행위예술'의 마지막 날이었다. 빨간 드레스를 입고 긴 머리를 왼쪽 어깨에 늘어뜨린 그녀는 의자에 앉아 눈을 감고 있었다. 전시장 벽면은 온통 흰색으로 도배되어 있었고, 어떠한 그림이나 사진작품도 걸려 있지 않았다. 오직 그녀와 그녀 앞에 놓인 빈 의자뿐이었다. 이번 전시는 맞은편에 앉은 관객과 단지 서로를 응시하는 퍼포먼스로, 이미 많은 관람객들이 그 행위에 참여하고자 줄을 서 기다리고 있었다. 안내원의 지시에 따라 한 남자가 터벅터벅 빈 의자로 걸어갔다. 누군가 앉았다는 기척을 느꼈는지 그녀가 눈을 떴다. 둘의 시선이 마주친 순간, 그녀가 놀란 듯 입을 다물지 못했고, 이내 눈시울이 붉어졌다. 남자는 어깨를 한 번 으쓱하고는 마치 그녀의 심정을 이해한다는 듯 고개를 끄덕였다. 그녀는 무언가 벅차올랐는지 결국 눈물을 흘리기 시작했다. 그 모습을 보고 있던 관람객들은 일제히 웅성거렸고, 여기저기서 사진 찍는 소리가 들렸다.

전시가 끝나고, 대강당에서 기자회견이 열렸다. 많은 예술평론가들이 자리를 채웠고, 군데군데 언론사 기자들도 보였다.

"이번 퍼포먼스의 주제는 무엇이었나요?"

한 평론가가 질문석에 서서 마이크를 잡고 그녀에게 물었다.

"사랑이 조건 없이, 어떤 목적성을 띠지 않는 상태로서 존재할 수 있을까요? 내가 의지하든 의지하지 않든 이 세상에 던져진 순간부터 나의 존재 자체로서 누군가에게 순수한 사랑을 받을 수 있을까요? 이번 퍼포먼스의 목적은 현재 이 순간, 여기 앉아 저와 눈을 마주치는 짧은 시간만큼은 그 사람이 누구든지, 무엇을 하든지 상관없이 '존재'한다는 그 사실 자체만으로, 그 사람에게 사랑 또는 존중의 메시지를 주고 싶었어요."

여기저기서 노트북 타자 치는 소리가 들렸다.

"한 남자가 의자에 앉자 눈물을 흘리던데 그 남자와는 어떤 관계였나요?"

평론가가 검지로 안경을 추켜올리며 다음 질문을 건네자 객석에서 침묵이 흘렀다.

그녀는 잠시 추억에 젖은 듯 입가에 살짝 미소를 머금었다.

***

"다음 환자분 들어오실게요."

간호사가 호명하자 대기실에서 기다리고 있던 한 남자가 일어나 진료실로 들어갔다.

"환자분 지난번에 처방드린 약은 어떠셨나요?"

정신건강의학과 명찰을 차고 있는 의사가 모니터로 의무기록을 살피고는 남자에게 물었다.

"덕분에 밤에 잘 잘 수 있었습니다. 감사합니다. 선생님."

"다행이에요. 그러면 약은 2주 치 분량으로 동일하게 처방드릴게요. 혹시라도 속이 메스껍거나 약을 먹었는데도 불안 증세가 나타난다면 언제든지 다음 외래진료를 앞당겨서 보셔도 됩니다. 그러면 환자분, 오늘도 이어서 환자분이 느끼고 있는 공허한 감정에 대해 이야기 나눠볼게요."

"선생님. 오늘은 그 이야기를 하기 전에 제 과거의 연인에 대해 먼저 이야기를 해도 될지요."

의사는 상관없다며 편하게 이야기하라고 말했다. 남자는 다소 굳은 표정으로 생각에 잠기다 입을 열었다.

"처음 그녀를 만난 건 대학교 전시회였어요. 평소 그림을 좋아하던 제가 디자인을 전공한 친구의 졸업 전시를 보러 간 게 발단이었죠. 다른 학생들의 작품을 둘러보다 한 작품에 눈이 갔어요. 추상화라기엔 생동감이 느껴졌고, 화려한 색채 대비가 묘한 매력을 자아냈죠. 작품의 크기도 저를 압도하기에 충분했어요. 얼마나 시간이 흘렀을까요? 까무잡잡한 피부에 눈매가 짙은 한 여학생이 저에게 다가와 작품을 설명해줬어요. '이 작품은 세실리 브라운에 영감을 얻어…' 사실 그녀의 이야기가 귀에 들어오지 않았어요. 맞아요. 전 첫눈에 반했죠. 그녀는 알라딘의 재스민 공주를 닮았어요. 쌍꺼풀이 진했고 높은 콧대와 도드라진 광대가 이국적인 분위기를 자아냈죠. 그녀의 말투에선 차분함과 고귀함이 느껴졌고, 그녀의 표정과 손짓 하나하나가 관능적이고 우아했어요. 그녀와 눈을 마주치고 있으면 뭔가 설명하기 어려운 묘한 매력이 느껴졌죠. 분명 웃고 있는데 그 안에 슬픔이 보였어요. 그 슬픔이 무엇인지 묻고 싶었는데 물을 수가 없었어요. 물어보면 그 뒤로 영영 그녀를 보지 못 할까 봐요. 졸업전시가 끝나고 그녀에게 맥주 한 잔 하자고 했어요. 작품에 관해 물어볼 게 있다고 하면서요. 그녀는 '알베르토 자코메티'를 좋아한다고 했죠. 제가 처음 들어보는 표정을 짓자 그녀가 미소를 지으며 핸드폰으로 작품을 검색해 보여줬어요. 웬 삐쩍 마른 인간 군상이 힘겹게 서있는 거예요. 제가 '작품이 오묘하네요. 저는 예술에 문외한이라 그런지 잘 모르겠어요.'라고 말하자 그녀가 웃었어요. 그러면서 저에게 이 작품을 보면 무슨 생각이 드는지 물어보았죠."

의사는 궁금하다는 듯 남자에게 뭐라고 대답했는지 물었다.

"고독해 보인다고 했어요. 뭔가 지쳐 보인다고도 했죠. 그러다 문득 불완전한 모습이 마치 불안정한 저의 모습과 비슷한 것 같아 '그런데 저랑 좀 닮았는데요?'라고 말했어요. 그러자 그녀의 눈이 휘둥그레 해지면서 자기도 비슷한 생각이 들었다는 거예요. 언제부턴가 문득 자유로워지고 싶다는 생각이 들었대요. 그 대상이 무엇인지, 어떤 것으로부터 자유로워지고 싶은지 모른 채 말이죠. 그러다 타인의 눈을 병적으로 그리고 있는 자신의 모습을 발견했대요. 그러면서 그녀는 제게 드로잉북을 보여줬죠. 거기엔 수십 장의, 아니 정말 수백 장의 타인의

눈이 그려져 있었어요. 웃고 있는 눈도 있었고, 울고 있는 눈도 있었
어요. 화가 나 보이는 듯한 눈, 초점이 없는 듯한 눈도 있었죠. 저는 왜
이렇게 많은 사람들의 눈을 그렸냐고 물었어요. 그 계기가 궁금해서
요. 처음엔 본인도 왜 그렇게 타인의 눈만을 고집해서 그렸는지 몰랐
었대요."

남자의 표정이 어두워지기 시작했다.

"그녀는 엄한 아버지 밑에서 자랐다고 했어요. 자유롭게 뛰어놀아
야 할 어린 나이부터 그녀는 규율과 규칙 속에서 통제받은 삶을 살았
대요. 항상 깨끗해야 하는 주변 환경과 옷차림, 식사 예절 등 그녀는
자유로움과는 거리가 먼 삶 속에 살고 있었던 거죠. 아버지는 칭찬에
도 인색하셨다고 했어요. 반에서 일등을 해도, 도내에서 상을 받아와
도 '잘했다.' 한 마디가 전부였대요. 그런데 어느 날 중학교 수행평가
로 그려온 그녀의 그림을 보시고는 아버지께서 동네방네 자랑을 했대
요. 그렇게 칭찬에 인색한 아버지께서요. 그때부터 그림을 그렸다고
했어요. 아버지의 칭찬이 좋아서, 아버지의 칭찬을 또 받고 싶어서요.
그렇게 미술을 시작하게 된 거죠. 마치 그림을 그리기 위해 태어난 존
재처럼."

남자는 잠시 숨을 골랐다. 의사는 그 모습을 보고는 컵에 물을 따라
남자에게 건넸다. 남자는 고맙다는 말하고는 물을 한 모금 마시고는
말을 이어나갔다.

"그림은 그녀에게 긍정적인 영향을 많이 미쳤다고 했어요. 그림을
그림으로써 아버지의 관심도 받을 수 있었고, 도화지에 그녀가 보고

느끼고 생각하는 그 무엇도 표현할 수 있다 보니 그때만큼은 통제된 삶에서 벗어난 자유로움도 느낄 수 있었다고 했죠. 그런데 아버지께서 일찍 돌아가시고 그녀의 '본질' 자체가 흔들렸대요. 삶의 이유 자체가 없어진 거죠. 아버지의 관심을 받기 위해 그림을 그렸는데 이제는 무엇을 위해 그림을 그려야 하나? 그런 생각이 들었대요. 또 주변의 시선들도 그녀를 괴롭혔다고 했어요. '그림을 그려서 뭐하냐?' '아버지도 안 계신데 예술로 돈은 벌어먹고 살 수 있겠냐?' '이제 그림은 그만 그리고 일을 해야 하지 않겠냐?' 등의 시선들 말이죠. 처음엔 그 시선들이 싫어 외출조차도 잘 안 했는데 언제부턴가 타인의 시선들을 오브제 삼아 그리고 있는 자신의 모습을 발견하게 됐어요. 그러다 우연히 '알베르토 자코메티'를 알게 되었다고 했죠. 마치 힘들게 서있는 그의 작품이 자신과 비슷하게 느껴졌대요. 그의 작품을 보고 있으면 마치 조각상이 그녀에게 '네가 원하든 원하지 않든 세상에 태어났으니 그냥 아무 생각 않고 걸으렴'하고 말하는 듯한 느낌을 받아 좋았다고 했어요. 그 이후부터 눈을 그리지 않았대요."

의사는 남자에게 그녀의 성격은 어땠는지 물었다.

"그녀의 성격은 참 독특했어요. 독립적이었고, 자립심이 강했죠. 어린 나이에 서울로 상경해서 혼자 집도 알아보고, 계약도 하고, 모든 걸 누구의 도움 없이 척척 잘하는 사람이었어요. 의지하는 걸 정말 싫어했어요. 본인이 주체가 되길 원했죠. 어느 날은 그녀의 가방이 무거워 보여 '내가 가방 들어줄까?'라고 물어봤는데 그녀가 어이가 없다는 표정으로 '내 가방을 오빠가 왜 들어? 나도 손이 있는데'라고 반문하는 거예요. 참 특이하죠? 물론 그동안 만났던 여자 친구들도 제가 가방 들어주는 걸 좋아하진 않았어요. 그런데 그 이유가 보통은 '남들에게 내 남자 친구가 여자 친구 가방을 들어주는 모습을 보여주기 싫어.'였거든요. 전적으로 남자 친구의 입장에서 생각을 해줬죠. 그런데 그녀는 반대로 그녀가 중심이 되어 생각을 한 거예요. 세상을 바라보는 제 시선이 조금 달라지는 순간이었어요."

남자는 무언가 떠올랐다는 듯 이야기를 덧붙였다.

"그녀는 제게 단어 선택에도 신중하길 당부했어요. 언어는 보이지 않는 큰 힘이 있다면서요. 그녀는 '순종적'이라는 단어를 특히 싫어했죠. 제가 '순종적'이라는 단어를 사용할 때마다 불같이 화를 냈어요. '순종적이라는 단어는 좋은 단어가 아니야. 그 단어는 '복종'이라는 뜻을 갖고 있고, 지배와 피지배의 관계가 내포되어 있어.'라면서요."

의사는 어렵다는 듯 입술을 지그시 깨물며 남자에게 조심스레 물었다.

"연애는 어땠나요? 많이 다투거나 그러진 않았나요? 제가 환자분의 말을 들으면서 느낀 그녀의 모습은 뭐랄까? 연애하기엔 조금 힘들었을 것 같아서요."

남자는 의사의 말을 듣고는 목젖이 보이게 큰 소리로 웃더니 손사래를 치며 말했다.

"아니에요. 그렇지 않았어요. 우리의 연애는 한 없이 평범했고, 그녀는 누구보다 저에게 사랑을 듬뿍 줬어요. 그녀와 있을 땐 사랑받는 느낌이 들었죠. 그녀는 단 한 번도 제게 '오빠는 이랬으면 좋겠어.'라고 말한 적이 없었어요. 그저 제가 아침에 눈곱을 덕지덕지 끼고 있어도 귀엽다며 제 눈곱을 떼어줬고, 알바를 마치고 먼지와 땀냄새로 뒤범벅이 되어도 그녀는 보고 싶었다며 저를 꼭 껴안아주고는 여기저기 키스를 해줬죠. 제 모습이 더럽지 않냐고 물으면 그녀는 환하게 웃으며 '그래도 오빠니까 다 좋아.'라고 했어요. 취업준비로 힘든 시기를 보낼 땐 그녀는 제 손을 꼭 잡으며 '너무 조급해하지 않았으면 좋겠어. 오빠는 오빠 자체로서 빛나는 사람이기에 오빠를 떨어뜨린 회사의 안목이 없는 거지, 오빠의 능력에 문제가 있는 게 아니야. 오빠가 빛날 수 있는 회사에서 오빠가 진정으로 원하는 일을 하며 마음껏 역량을 펼쳤으면 좋겠어.'라고 위로해줬죠. 한 번은 그녀에게 '너는 나를 왜 사랑해?'라고 물었어요. 그러자 그녀가 환하게 미소를 보이며 '오빠를 사랑하는데 이유 따윈 존재하지 않아. 오빠를 사랑하게 된 순간부터 오빠라는 사람 자체를 사랑하게 됐거든.'이라고 했어요. 제가 어떻게 그럴 수 있냐는 표정을 짓자 그녀는 웃으면서 '오빠가 대머리가 되어도, 뚱뚱해져도 나는 그런 오빠를 사랑할 거야.'라고 했어요. 그저 제 '존재' 자체가 그녀에겐 '사랑'이었던 거죠. 보통은 사랑하게 된 이유가 외모가 뛰어나거나 능력이 좋거나 그렇잖아요? 그런데 그녀는 정말 저라는 사람 자체를 사랑해주었던 거죠."

남자는 이야기를 멈추고 멍하니 창 밖을 바라보았다. 의사는 잠시 남자에게 생각할 시간을 주었다. 이윽고 남자가 말을 꺼내기 시작했다.

"그녀는 연애 초반부터 결혼 생각이 없다고 단호하게 말했어요. 결혼이라는 목적성을 가지고 사랑을 시작하고 싶지도 않고 결혼이라는 제도적 장치에 얽매어 사랑을 증명하고 싶지도 않다면서요. 그땐 그 말이 저에게 크게 와닿지 않았어요. 우린 아직 어렸고, 무엇보다 시간이 지나면 그녀의 생각도 바뀔 거라는 믿음이 있었죠. 우리는 자그마치 7년이라는 시간을 함께 했어요. 그만큼 우리의 관계도 깊어져 갔죠. 어느덧 저도 사회에 자리를 잡고 안정적인 생활을 이어갈 때쯤 주변에선 하나둘씩 결혼을 하기 시작했어요. 저 역시 결혼이 하고 싶었어요. 물론 그녀와 요. 그래서 결혼하자고 했죠. 너와 행복하게 살고 싶다고. 그런데 그녀는 싫다고 했어요. '처음부터 오빠에게 결혼 생각이 없다고 말했고, 지금도 그 생각이 변하지 않았어.'라면서요. 그저 저와 평생을 동거하며 함께 살고 싶다고 했죠. 저는 '그래도 우리나라 국민이라면 적어도 결혼이나 혼인신고 같은 관례는 지켜야 하는 게 맞는 거 아니야?'라고 했어요. 그러자 그녀는 '오빠는 결혼이 왜 하고 싶은 건데? 결혼을 하면 오빠는 나를 더 사랑하는 거야? 그러면 지금은 나를 그만큼 사랑하고 있지 않다는 거야? 아니잖아. 결혼이라는 것도 결국 사랑을 수단으로써 목적성을 띠는 제도적 장치에 불과할 뿐, 그 이상도, 이하도 아니야.'라고 말했어요. 그때부터 저희는 끊임없이 결혼 이야기로 논쟁을 펼쳤죠. 그땐 그녀가 철이 없다고 생각했어요. 사랑의 환상 속에 살면서 현실감각이 없는 사람처럼 보였거든요. 좁혀지지 않는 지속된 다툼으로 저도, 그녀도 지쳐만 갔어요. 점점 그녀를 향한 제 감정이 시들해지기 시작했죠. '오빠 변했어.' 언제부턴가 그녀가 제게 자주 했던 말이에요. 저는 그 말이 정말 싫었죠. 하지만 부정할 수 없었어요. 그녀의 감정은 그대로였지만, 그녀를 향한 저의 마음은 실제로 변해버렸으니까요. 그녀가 눈치챘을까요? 사랑의 감정으로 우리의 관계가 지속되고 있는 것이 아니라, 오랜 연애로 말미암아 옛정에 의해 쉽게 헤어지자고 말하지 못하는 저의 모습을요. 결국 그녀가 헤어지자고 했어요. 그녀는 긴 말은 하지 않았죠. 원래도 필요 이상의 말을 하지 않는 터라 저 또한 이유를 묻지 않았어요. 그저 알겠다고 했죠. 그렇게 우리의 긴 연애는 허무한 결말을 맺게 되었어요."

의사는 진료실 벽면에 걸려있는 시계를 보았다. 어느덧 이야기를 시작한 지 30분이 흘렀다. 의사는 남자에게 혹시 다음 스케줄이 있는지 물었고, 남자는 괜찮다고 답했다. 의사는 그러면 잠깐만 기다려 달라고 한 뒤 진료실 접수대에 전화를 걸었다.

"혹시 다음 환자분 있을까요?"

"오늘은 지금 상담 중인 환자분이 마지막입니다. 선생님."

"그러면 저는 30분 정도 상담을 더 진행하려고 해요. 접수 쪽은 퇴근 준비해도 좋아요."

"네. 알겠습니다."

의사는 전화를 끊고는 남자에게 30분 정도 더 상담을 하자고 제안했고 그는 좋다고 했다.

"환자분. 그러면 지금부터는 환자분이 느끼고 있는 그 공허한 감정에 대해 다시 이야기 나눠볼게요. 지난 상담 때 저에게 사랑에 유한한 느낌이 들었다고 했어요. '만약 내가 승진을 못해도 아내가 나를 사랑해줄까?' '주변 아빠들만큼 물질적으로 아이들에게 지원해주지 못해도 아이들이 나를 사랑해줄까?'라는 막연한 불안감을 호소했죠. 결국 환자분은 이혼을 통해 그 불안감을 어느 정도 해소하였지만, 공허한 감정은 끝내 사라지지 않았다고 했어요. 그런데 이렇게 오늘 들려주신 이야기를 듣다 보니 그 공허한 감정의 원인이 과거 연인이 주었던 사랑의 부재로부터 기인하는 것처럼 느껴지는데 맞을까요?"

남자는 한 숨을 크게 내쉬고는 말했다.

"사실 그녀와 헤어진 후에 한동안 너무 힘들었어요. 결혼까지 생각한 만큼 저는 그녀에게 제 전부를 주었지만, 결국 돌아온 건 이별이었으니까요. 제 살의 반쪽이 떨어져 나간 기분이었죠. 하지만 그녀에게 제가 생각한 사랑을 증명해 보여야 했어요. '사랑'은 '현실'이라는 것을요. 이별을 하고 1년이라는 시간이 흘렀을까요? 만나는 사람이 없다는 사실을 제 주변 지인들 대부분이 알게 되었죠. 그래서 그때 소개팅 제안이 많이 들어왔어요. 제게 소개받고 싶은 이상형이 어떻게 되는지 많이들 물어봤죠. 저는 이런저런 '조건'들을 붙여가며 제가 원하는 여성상을 설명해주었어요. 머지않아 그에 부합한 여성을 소개받았죠. 그녀는 저보다 한 살 연상이었어요. 하얀 피부에 키가 컸고, 자기 관리에 투철했으며, 본인을 잘 꾸밀 줄 알았죠. 그녀도 제가 좋다고 했어요. 안정적인 직장과 연봉, 모아둔 재산에 만족해했거든요. 그렇게 저희는 결혼을 전제로 만남이 시작되었고, 1년의 길지 않은 연애 끝에 결혼을 하게 되었어요."

의사는 남자에게 결혼 생활은 어땠는지 물었다.

"아내와의 결혼 생활은 비교적 안정적이었어요. 우리는 착실하게 돈을 모아 작은 평수의 아파트도 계약하고, 계획한 대로 아이도 2명을 낳았죠. 물론, 작고 사소한 다툼은 있었지만, 큰 사건 없이 남들처럼 평범한 가정을 꾸려 나갔죠. 그러다 아이들이 중학교에 들어갈 무렵, 아이들의 교육관에 있어 마찰이 있었어요. 아내는 아이들이 성인이 되고 행복하려면, 지금부터 열심히 공부해서 좋은 대학에 가야 된다고 말했죠. 저는 반대했어요. 행복이 성적이나 학벌과 같은 외적인 요소로 채워진다면 그것을 잃지 않기 위해 쉬지 않고 달려야 하고 결국, 아이들의 온전한 삶을 지키지 못한 채 지쳐 쓰러질 수 있다고 했죠. 그래서 당장은 아이들이 원하고, 하고 싶어 하는 활동들을 시켜주자고 했어요. 그러자 아내는 제게 이해할 수 없다는 말투로 현실을 직시하라고 했죠. '그래서 나중에 아이들이 좋은 대학에 들어가지 못해 취업에 허덕이면? 그때 가서 '아빠는 너희들이 진정한 행복을 느끼게 해 주고자 그랬단다.' 그렇게 위로해 줄 거야? 말도 안 되는 소리 하지 마. 그런 것들은 나중에 잘 되고 나서 해도 늦지 않아.'라며 화를 냈죠. 저는 아내의 생각을 꺾을 수가 없었어요. 생각해보니 저 또한 그렇게 살아왔으니까요. 그 이후 아내는 수학과 영어가 특히 중요하다며 아이들을 비싼 학원에 등록시켰고, 악기 하나는 다룰 줄 알아야 한다며 시큰둥한 아이들의 반응과는 상관없이 첼로와 바이올린 과외를 시켰어요. 아이들의 하루 스케줄은 저와 맘먹었죠. 그래도 아이들이 나중에 행복해질 수 있다면 그렇게 하는 게 맞다고 생각했어요."

남자의 목소리가 떨리기 시작했다.

"그러던 어느 날, 아내는 제게 직장에서 승진을 할 수 없는지 물었어요. 더 많은 연봉을 받았으면 좋겠다고 하면서요. 제 직장의 특성상, 안정적인 장점이 있지만 그만큼 승진을 하기엔 '하늘의 별따기'였거든요. 정말 뛰어난 성과를 내야 했고, 그러기 위해선 밤낮으로 업무에 매진해야 했기 때문이죠. 하지만 저는 알겠다고 했어요. 이제부터 승진을 목표로 달려보겠다고. 그렇게 제 '존재'는 돈을 많이 벌어다 오는 거였고, 그래야지만이 '아내의 사랑'과 '가정의 평화'가 지속될 거라는 막연한 생각이 들었거든요. 결국 3년의 노력 끝에 저는 그 힘들다는 승진을 이루게 되었어요. 임원직으로 발령을 받았죠. 아내는 정말로 저를 뿌듯해했어요. 아이들도 저를 자랑스러운 아빠로 생각했죠. 그렇게 술술 계획한 대로 잘 풀리는 듯 보였어요. 아이들도 버젓이 좋은 대학에 진학을 했거든요. 하지만 이유 모르게 남들의 시선이 자꾸만 불편하게만 느껴졌어요. 더 뛰어난 성과를 기대하는 상사의 눈빛과 평가지표를 좋게 받길 내심 희망하는 부하직원들의 모습이 저를 은연중에 압박했죠. 집에서도 그다지 편하지 않았어요. 아이들이 대학에 들어가면 더 이상 물질적으로 스트레스를 받지 않을 거라 생각했는데, 이젠 아내가 아이들 결혼 자금을 슬슬 준비해야 한다고 했거든요."

의사는 남자에게 어떻게 해결했는지 물었다.

"저는 아내에게 고민을 털어놓았어요. 심리적 압박감이 저를 조여와 잠시 쉬고 싶다고. 예상대로 아내가 당황해했어요. 그래서 저는 '일을 그만둔다는 말이 아니라, 안식년을 받아 1년 정도만이라도 나에게 시간을 쓰고 싶어.'라고 했죠. 그러자 아내는 '아직은 돈을 더 벌어야 할 때야. 지금 쉬기엔 그동안 쌓아온 노력이 아까워. 자기야, 조금만 더 버텨보자. 그 시기엔 누구나 다 겪는 일이고 금방 또 적응하면 다 지나 갈 거야. 그니까 딱 아이들 결혼할 때까지만, 그때까지만 우리 이겨내 보자.'라고 했죠. 저는 제 삶의 '본질'에 맞춰 어떻게든 버텨내야 했어 요. 그렇게 불안감이 눈덩이처럼 불어날 때쯤 마침 직장에서 '노조 설 립' 기념행사로 문화행사 티켓을 배부했어요. 선택지로 '야구경기 관 람권', '연극 공연 관람권', '전시 관람권' 3개가 있었죠. 전 아내에게 전화를 걸어 7월 중순에 시간이 되는지 물었어요. 티켓팅을 하려고 하 는데 오랜만에 문화생활을 즐기자면서요. 하지만 아내는 선약이 있다 며 시간을 빼기 어렵다고 했죠. 그래서 저는 머리도 식힐 겸 혼자 체험 하고 오겠다고 했어요. 전화를 끊고 저는 무엇을 고를지 고민하다 혼 자 즐기기에 부담이 없는 '전시 관람권'을 신청했죠. 전시 당일날, 저 는 오후 반차를 내고 노동조합실로 찾아가 표를 받았어요. 거기엔 [피 카소가 시기한 조각가 '알베르토 자코메티']라고 적혀 있었죠. 저는 어 디서 많이 들어본 예술가인데 생각하고 아무 생각 없이 전시관으로 향 했어요. 매표소에서 티켓팅을 하고 전시장 입구로 들어가자 거기엔 수 많은 조각상들이 있었어요. 앉아있는 남자의 흉상과 가느다란 다리로 서 있는 여자의 군상, 그리고 어딘가를 가리키는 남자도 눈에 들어왔 죠. 작품들이 하나같이 부러질 듯 말랐고, 손과 발이 기이하게 길었어 요. 특히, 인상적인 건, 분명 완성된 작품들인데 하나같이 불완전해 보 였다는 거죠. 가장 기억에 남는 작품은 [걸어가는 사람]이었어요. 저는 그 작품에서 눈을 뗄 수가 없었죠. 마치 힘들게 한 발 한 발 걷는 모습이 저와 비슷해 보였거든요. 그 옆에 각주로 '마침내 나는 일어섰다. 그리고 한 발을 내디며 걷는다. 어디로 가야 하는지 그리고 그 끝이 어딘지 알 수는 없지만, 그러나 나는 걷는다. 그렇다. 나는 걸어야만 한다.'라고 적혀 있었죠. 그때 불현듯 잊고 지냈던 소중한 기억들이 떠올랐어요. 저를 조건 없이, 목적을 가지지 않은 채 사랑해주었던 옛 그녀가요. 어쩌면 그녀는 제게 이 세상에 존재한다는 이유만으로 '괜찮아. 그럼에도 오빠를 사랑해.'라고 말해주고 싶었던 건 아닐까 생각이 들었어요. 전시를 다 보고 집에 돌아오는 길에 많은 생각이 들었어요. 사랑은 무조건적이고 절대적일 때 비로소 사랑이라고 할 수 있고, 지금 나는 사랑해서 결혼했지만 단 한 번도 진실된 사랑을 한 적이 없었을지도 모르겠다는 기분이 들었죠."

남자의 얼굴이 평온해 보였다.

"아내와 이혼을 한지는 5년이 되어가고 있어요. 아이들과는 지속적으로 연락도 하고 종종 만나서 밥을 먹기도 하죠. 새로 회사에 들어 간지는 3년이 지났어요. 비록 연봉은 전보다 적지만 제가 좋아하는 분야면서도, 자유롭게 저의 역량을 펼칠 수 있어서 흡족해하고 있죠. 그러다 지난주 퇴근길이었어요. 유독 차가 막혀 가다 서다를 반복하던 중 전광판 하나가 눈에 들어왔죠. 거기엔 이마에 살짝 주름이 졌지만, 여전히 진한 쌍꺼풀에 높은 콧대, 도드라진 광대를 가진 저의 옛 연인의 얼굴이 있었어요. 전 정말 놀랐어요. 그녀의 얼굴을 다시 보게 될 줄은 상상도 못 했거든요. 잠깐 대로변에 차를 주차하고 광고판 아래로 갔어요. 거기엔 광고문으로 '무조건적이고 절대적인 사랑을 해보신 적 있으신 가요?'라고 적혀 있었어요. 저는 핸드폰으로 검색을 해봤어요. 그랬더니 그녀는 번듯이 예술계의 인정을 받아 2주 동안 뉴욕 현대미술관에서 전시를 개최할 예정이라고 나와있었죠. 그때 저는 그녀를 꼭 만나야겠다는 생각이 들었어요. 그래서 그 길로 바로 항공편을 알아보고는 뉴욕행 비행기표를 끊었어요. 그녀를 보기 위해서요."

창 밖으로 따사로운 햇살이 들어오기 시작했다. 의사는 남자에게 창문을 열어 실내를 환기시켜도 되는지 물었다. 남자는 괜찮다며 고개를 끄덕였고, 의사는 자리에 일어나 창문을 열었다. 상쾌한 공기가 들어오자 남자는 숨을 깊게 들이마시고는 크게 내뱉었다.

***

그녀의 대답을 기다리는 예술평론가들과 기자들이 숨을 죽이고 있었다. 잠시 침묵을 유지하던 그녀가 마침내 입을 열었다.

"제 오랜 연인이었습니다. 제가 위태롭게 서 있을 때, 그가 제 손을 잡아주었죠. 그는 참 다정하고 따뜻한 사람이었어요. 한 번도 저의 상처가 무엇인지 묻지 않았죠. 그저 제 눈을 하염없이 바라봐 줄 뿐이었어요. 그 눈빛에는 신뢰가 느껴졌죠. 그래서 저도 모르게 제 아픔을 그에게 말하고 있더라고요. 그때 다짐했어요. 그에게 순수한 사랑을 주기로요. 그 사랑에는 조건도, 목적도 없는 무한함만이 담겨있길 원했죠. 그래야 제 사랑이 진실되니까요. 비록 저희는 이별했지만, 저는 아직도 그를 추억하고, 사랑하고 있어요. 그래서 그가 제게 보여준 사랑의 방법을, 이제는 제가 다른 누군가에게 느끼게 하고 싶었죠. 그래서 이번 퍼포먼스를 착안하게 되었습니다. 제 바람이 담겨서 일까요? 눈을 떴는데 그가 제 앞에 앉아있었죠. 믿을 수가 없었어요. 그를 다시 보게 될 줄 꿈에도 몰랐거든요. 그의 눈빛은 여전히 따뜻했어요. 저를 위로하고 있었죠. 그런 그가 지금 밖에서 저를 기다리고 있습니다."

그녀가 자리에서 일어나 기자회견 밖으로 걸어 나갔다. 대강당에는 한동안 정적만이 감돌았다.

잠시 쉬어갈게요.

최다솜

최다솜 일상이 여행이고 싶고, 자유롭고 싶어요. 차분한 게으름이란 말을 좋아하고, 고양이들을 사랑합니다. 각박하고 힘든 세상에서 나를 살게 하고, 따뜻한 온기를 느끼게 해 줬던 모든 것에 감사합니다. 그리고 모두 딱 하루라도 온전히 나를 위해 살았으면 좋겠어요. 지키지 못했다면 내일 또 도전해보세요! 우리에겐 내일이 있잖아요! 그 하루하루가 모여 내일이 기다려지는 삶을 살길 바랄게요 :)

instagram: @im_das0mi

blog: blog.naver.com/dshm__

email: dshm__@naver.com

나를 사랑하지않는 나에게

매일 좋은 일이 있을 수는 없다. 하지만 난 좋은 일만 있기를 갈구했다. 힘든 일이 있을 땐 곧 잘씩씩하게 이겨냈다. 내 곁에 있는 좋은 사람들 그리고 당장 떠날 수 있는 여유와 거기서 나오는 재미있는 이야기들. 난 남들처럼 그럭저럭 잘 지내고 있는 줄 알았다.

하지만 나이가 든다고 없던 일이 되는 것도 괜찮아지는 것도 아니었다. 하루하루 버텨내는 날들의 연속이었다. 그 시간들이 쌓이고 좀 더 수월하게 버티는 법을 알아가며, 그렇게 진정한 어른이 되는 줄 알았다.

하지만 버틴다, 참는다라는 말이 언제부터인지 나에게 제일 견디기 힘든 무거운 단어가 되었다. 그 이후로는 상대방 감정이 중요한 만큼 내 감정도 중요하며, 내 마음을 모르는 척하고 참는 것이 아닌 충분히 그때 감정을 느끼고 지나치지 않는 것 또한 어른이 돼가는 과정이라는 걸 깨달았다.

이십 대 끝자락. 남에게 사랑받고, 사랑을 줄 줄만 알았지 정작 나를 사랑하는 법을 몰랐다. 더 늦기 전에 나 데리고 '잘' 사는 법에 대해 관심을 쏟고 싶다. 일단 어린 시절 아팠던 나를 위로하고 앞으로의 나를 응원해 주고 싶다.

지금 이 순간에도 상처 입고 치유하며 커가는
우리 모두를 응원합니다.

아빠라는 사람

초등학교 2학년 때부터 고모와 살게 되었다. 내 선택은 아니었고, 어렸기 때문에 동생과 나는 갈라서는 부모님의 뜻에 따라 집을 옮겨야 했다.

나는 낯을 많이 가리는 편이었다. 그런 나를 더 힘들게 한 건 어머니와 같이 살지 않는다는 사실이었다. 당시 학급당 학생수가 30명 정도였는데 그중 한부모가정은 한두 명에 불과했다. 그래선지 다들 그 사실을 숨기려 들었다. 나도 그랬다. 하지만 학교는 내 뜻대로 두지 않았다. 당시 학교에는 한부모가정을 위한 복지들이 있었는데, 담임선생님은 복지들이 적힌 가정통신문을 친구들이 다 보는 아침 조회시간에 해당 아이들에게 나누어줬다. 나를 위한 거라고 하지만, 나는 약점이 들킨 것 같아서 고개를 숙인 채 책상만 쳐다봤다.

그럴 때마다 아빠가 미웠지만, 이해 못 했던 건 아니었다. 두 아이를 키워야 한다는 부담감, 직장이 집과 멀어 주말에만 우리를 보러 와야 한다는 사실, 그걸 떠안은 아빠가 여느 가정의 부모처럼 우리를 대할 수 없다는 건 잘 알고 있었다. 나는 이른 나이에 일찍 철이 든 걸까, 눈치를 봤던 걸까. 아마 나조차도 가족에게 짐이 되고 싶지 않아 아무렇지 않은 척 입을 닫았던 거 같다. 한 달에 한번 생활비라며 아빠가 고모에게 쥐여주던 그 돈에 나의 용돈과 학교 준비물 값은 포함되어 있을까?라는 생각이 들어 준비물 값이 필요할 때면 마음속으로 열 번은 연습하고서야 겨우 말하던 나였다.

아빠와 나의 나이 차는 겨우 21살. 그 당시에 아빠도 고모도 30대였고, 아직 아이를 다루는 법을 몰랐을지도 모른다. 주말 조차도 집에 오기 싫다고 말하는 아빠, 더는 못 살겠다고 말하는 고모, 그걸 바라보는 나와 동생, 그리고 훈계라 쓰고 폭력이라고 읽을 수 없는 일들. 집에는 참는 사람뿐이었다.

주말마다 오던 아빠는 평일에 못 본 시간만큼 대하기가 어려워졌다. 내가 고등학교를 졸업할 무렵 언질도 없이 갑자기 고모가 결혼을 한다며 집을 나갔다. 그 탓에 나와 남동생은 둘이서 살아야 했고, 또다시 영문도 모르고 버려지는 느낌을 받았지만 어쩔 수 없는 일이라 여기며 현실을 받아들였다.

하지만 내 생각과는 다르게 흘러갔다. 열여섯에 알바를 시작하고부터는 개인 생활비, 휴대폰 값, 보험비 등은 원래부터 내가 내고 있었기 때문에 경제적 부담은 크게 다가오지 않았다. 하지만 문제는 집안에 어른이 없으니 동생이 삐뚤어지기 시작했다는 것이다. 어느 날은 일자리에서 돌아와 문을 열었는데 현관에 신발 10켤레가 놓여 있었다. 거실로 들어서니 한바탕 술판이 벌어져 있었고 술에 잔뜩 취해 흐느적거리는 동생이 누나 왔느냐고 당당하게 외쳤다. 또 한 번은 동생의 담임이 아빠에게 전화를 걸었다. 동생이 결석을 했다는 거였다. 그 이유를 내가 직접 물어봐야 했는데 갑자기 동생은 자퇴를 하고 싶다고 했다. 이후 동생은 정말 자퇴를 하고 배달 아르바이트를 하다가 오토바이로 사람을 치는 바람에 합의금을 물어내기도 했다. 그런 동생을 다독일

수 있는 사람은 가까이 있는 나밖에 없었는데, 동생과 나의 나이 차이
는 고작 3살이었다. 가르치기엔 나 또한 어리고 약했다. 내가 조금 얘
기를 하려고 하면 동생은 가족이 나한테 해준 게 있냐며, 내가 힘들 때
돌봐주지도 않았으면서 이제와 관심을 가지냐며, 소리 지르고 되려 나
를 때리기 일쑤였다. 나는 아빠에게 울며 하소연하는 일이 늘었다. 그
런 아빠는 전화 너머로 동생을 혼내다가 더는 못 참겠다며 아빠도 결
국 화를 냈고, 이런 일이 반복되자 전화기 너머로 들리는 건 한숨뿐이
었다. 그러니 결혼 한 고모에게 전화해 도움을 많이 요청했다. 하지만
상황은 그리 좋아지지 않았다. 그냥 내가 누군가에게 도움을 요청할
수 있는 사람이 있음에 감사했지만, 한편으로는 우리 가족과 또 얽매
어버린 고모가 안쓰러웠다.

집에 오면 매일 술을 먹던 아빠를 보며 나는 왜 주말에 오는지 의문
이었고, 그렇게 집이 싫다는 동생은 잠 잘 때면 기어 들어오는 것도 의
문이었다. 정작 나는 그 둘에게 하지 못한 말을 친구에게 털어놓곤 했
는데 그러면서도 나는 왜 이 집에 있으며 희망을 찾고 있을까? 그런
나도 의문이었다.

그러던 어느 날 내가 스물다섯 되는 해 갑자기 아빠가 이사를 가자
고 하였다. 집안 분위기도 환기시킬 겸 사이도 개선할 겸 더러운 집구
석을 떠나 잘 살아보자며 부추겼다. 나도 동생도 이 지긋지긋한 후암
동을 떠나보자며 희망찬 미래를 꿈꾸며 이사를 추진했다. 그러나 또
우린 조금도 행복하지 않았다. 왜냐하면 동생과 나는 의지할 사람이

친구밖에 없었는데, 만나기가 어려워져서였다. 원래라면 5분밖에 안 걸리던 거리가 이삿집에서는 1시간 반이 걸렸다. 그러다 보니 아무리 노력해도 여러 이유로 친구들과의 만남이 점점 줄었다. 그런 나는 외로움에 더욱더 깊이 빠져들었고, 내가 떠나고 유독 슬퍼하는 한 친구가 걱정이 됐고, 다시 돌아오라는 친구 말에 후암동이 더 그리워졌다.

아빠는 이사한 집 근처로 이직을 하게 되었다. 매일 집에 들어오는 아빠가 나는 어색했다. 집이 바뀐다고 달라질 건 없었다. 아빠는 변하지 않는 집안 꼴에 술 먹는 날과 한숨을 내쉬는 날이 더욱 많아졌다. 그리고 동생과 나는 이전보다 자주 싸웠는데 돈 한 푼을 보태주지 않는 가족이 밉다는 동생에게, 나도 그러고 살고 있다며 일이나 하고 말하라며 백수인 동생을 타박했다. 그리고 동생은 화가 날 때면 문을 부수고, 나를 때렸다. 나는 이가 부러지기도 했고 눈에 피멍이 들어 일주일간 모자를 깊게 눌러쓰고 회사를 출근한 적도 있다.

6개월이 지나고 동생은 친구들이 있는 동네로 돌아가겠다며 집을 나갔다. 그 이후로는 한 번도 본 적은 없고, 가끔 용돈이 필요할 때마다 연락이 온다. 나 또한 왠지 모르게 집에 잘 돌아가지 않았다. 간혹 아빠와 집에 있을 때면 신세 한탄을 듣는 것과 말이 통하지 않음에 숨이 턱턱 막혀왔고 분위기는 싸움으로 곧잘 이어졌다.

어느 날 아빠는 나보다 4살 많은 여자와 연애를 시작했다. 처음 나이 차이를 들었을 때 나는 소름이 끼쳤다. 내가 집에 없을 때 잠시 들렀다가 나갔기 때문에 이후로는 얼굴도 본 적이 없다. 그리고 아빠한테 메시지가 왔다. 현재 만나고 있는 여자와 집에서 둘이 살고 싶으니, 당장 나가라는 내용이었다. 어처구니가 없어 무시했다. 한 달이 지나고 퇴근 후 집에 오니 현관문에 3개월 미납으로 곧 전기가 끊길 거라는 내용이 적힌 통지서가 붙어있었다. 바로 전화를 했다. 아빠는 더 이상 공과금도 내주지 않을 거라며, 이번 달 안으로 나가라는 말만 한 채 통화를 종료했다. 협박 치고는 한 달 전기료는 점심값 정도였고, 그 말을 듣고는 온갖 정이 떨어져 더 이상 집에 있을 이유는 없어졌다. 고모의 도움을 받아 이사를 했다. 고양이와 함께 살 수 있는 집과 가전제품, 가구를 고르는 것, 고모가 없었으면 못 했을 거다. 그리고 아빠와 연락이 끊겼다. 모든 것을 혼자 결정하고, 책임져야 하는 진짜 어른이 된 기분이었다.

진심이 담긴 편지

행복해서 울어본 적이 있냐는 물음에 생각나는 사람이 한 명 있다.

그 친구는 고등학생 때 아르바이트하는 곳에서 만났다. 나보다 한 살이 어렸고, 당시에 방영하던 드라마 '공부의 신'에 나오는 이현우와 닮은 얼굴에 장난기가 많았지만, 감수성이 풍부해 내 일에 더 슬퍼하고 기뻐하던 순수한 아이였다. 당시 살던 곳에서 도보로 10분 거리라 퇴근을 같이 하면서 자연스레 친해졌다. 그리고 오래되지 않아 사귀는 사이가 되었다.

 겉으로는 철없어 보이던 그 아이는 현실에 부딪혀 꿈을 포기한 나를 처음으로 꿈꾸게 해 줬던 고마운 사람이었다.

 사회복지사의 꿈을 어느 정도 접었지만, 우연히 다른 기회를 알게 돼서 해당하는 학교에 진학하기로 결심했다. 다행히도 지원서를 넣고 통과가 되었다. 메일을 확인하고 출력해서 제출하라는 문자가 왔다. 집에는 프린터기가 없어, 남자친구네에 가서 출력을 하기로 했다. 하지만 난 내용을 보고 바로 눈물을 흘렸다.

 일주일 내로 예치금을 입금하라는 내용이었다. 당시 수중에 있던 돈은 예치금을 내기에는 턱없이 부족했다. 나는 눈물을 막을 수가 없어 집을 가겠다며 뛰쳐나왔다. 집을 도착하고 몇 분 뒤 남자 친구에게 문자가 왔다.

 문 앞에 네가 좋아하는 초콜릿 과자를 걸어두었으니 먹고 기분 풀라는 내용이었다. 바로 뛰쳐나갔지만 남자 친구는 없었고, 검은 비닐 봉지 하나가 걸려있었다. 열어보니 안에 과자와 하얀 편지봉투가 들어 있었다. 나는 과자는 밀어 두고 편지봉투만 들고 가족들이 눈치챌까 바로 화장실로 들어갔다.

 난 이때 봤던 편지가 여전히 잊히지 않는다. 눈물자국과 삐뚤거리는 글씨로 "다솜아 네가 우니 내 마음이 안 좋다. 너에게 도움이 되어

주고 싶은데 이것밖에 못해줘서 미안해. 항상 나는 너 편이야. 사회복지사가 된 네가 아니라 난 그냥 너라서 좋아. 힘들어하지 않았으면 좋겠어"라는 내용이었다. 이 짧은 시간에 나를 위로하고자 급하게 편지를 써 내려갔을 생각 하니 더 진심이 느껴졌고 사랑받는 느낌이 들어 나는 너무 행복해서 눈물이 났다. 자리에서 편지를 읽고 또 읽었다.

　이후로 여러 번 사랑을 하며 단단해진 내가 나중에서야 제대로 느낀 건 그때 느꼈던 순수했던 마음과 사랑의 크기는 결코 쉽게 받을 수 있는 마음이 아니었다는 거다. 우연히 만나게 된다면 꼭 고마웠다고 전해주고 싶다.

태풍이들

　2018년 8월 24일 태풍 솔릭이 북상하고 있다며 모두가 벌벌 떨었던 그날, 솔릭이가 내게 왔다. 태풍은 걱정했던 거와는 달리 조용히 잘 지나갔고, 자연스레 고양이 이름도 솔릭으로 지었다. 솔릭은 미크로네시아에서 제출한 이름으로 전설의 족장을 뜻한다고 한다. 지금은 입에 달라붙어 친숙하지만 처음에는 발음이 어려워 가족들과 부르는 연습을 많이 했다.

입양 앱을 통해 데려오게 된 솔릭이는 서너 살로 추정되고, 구조 후에도 파양 이력이 있는 상처받은 아이였다. 사진으로도 우수에 찬 눈빛이 슬픔을 말하는 것 같았다. 작은 몸집에 풍성한 회색 털과 호박색 눈을 가진 페르시안 종으로 암컷이다. 보호소에서 불리던 원래 이름은 눈이 큼직해서 왕눈이였다. 데려오고 일주일 정도는 낯을 많이 가려 고양이집에 들어가 간식 유혹에도 도통 나오질 않았고, 아무도 없을 때 나와서 밥을 먹고 잽싸게 들어가는 아이였다.

솔릭이 입양은 아빠의 말로부터 비롯되었다. 어느 날 강아지를 키워보지 않겠냐고 물어왔다. 그 당시 신기하게도 회사 동료들이 모두 집사라 내심 고양이를 키우고 싶었다. 아빠는 집에 오면 반겨 줄 존재가 필요했던 건지, 단지 동물이 키우고 싶었는지 알 수는 없지만, 바로 좋다고 했고 나는 한 달 정도 더 고민 끝에 솔릭이를 입양하게 되었다.
처음부터 솔릭이와 보낸 시간은 별로 없었다. 동생이 집을 나가고 아빠와 마주치기 싫어 집에 들어가지 않다 보니, 솔릭이는 혼자서 시간을 보내야 했다. 저녁에 잠깐 놀아주는 게 다였고, 솔릭이는 아빠와 시간을 많이 보냈다. 아빠가 방문을 닫고 잘 때면 솔릭이는 열어달라며 계속 방문을 긁었고 어느새 안방은 솔릭이 것이 되어있었다. 아빠는 새침하면서도 치근덕대는 솔릭이가 반가웠던 것 같다.

솔릭이가 온 지 네 달이 지났을 무렵 아빠가 연애를 시작하고, 집에 들어오는 횟수가 줄었다. 그 덕에 나는 솔릭이와 보내는 시간이 많아졌다. 솔릭이는 손바닥을 펴고 이름을 부르면 다가와 이마를 부비적 대고, 궁디팡팡을 해달라며 꼬리를 치켜세우고 등을 보이는 애교 많은 아이였다. 이렇게 예쁜 아이를 누가 버렸는지 이해할 수 없었고, 새끼 때는 얼마나 더 예뻤을지 그리고 처음부터 함께해주지 못해 속상했다. 흔한 냥펀치, 하악질도 안 하는 순한 아이였기 때문에 고양이라면 무 조건 싫어한다는 발톱 깎기, 털 빗기도 너무 수월했다. 3대가 덕을 쌓 아야 만날 수 있다는 개냥이를 만난 것 같았다.

솔릭이와 지낸 지 1년이 될 때쯤 나는 집에서 나오게 됐다. 솔릭이 와 함께 말이다. 고양이는 새로운 공간에 가게 되면 스트레스를 많이 받는다는 말이 있어 솔릭이가 잘 적응해 줄까 고민이 컸다. 부르면 꼬 리를 치켜들고 다가와 비비적 대는 애교 많고 순한 고양이지만 버림받 았던 기억 때문인지 이동장에 들어가면 서글프게 울었고, 조그만 소리 에도 숨고 겁에 질리는 지라 걱정되었다.

이사 당일 솔릭이를 데려와 작은 방에 넣어두었는데 언제 나온 건지 청소하려고 열어놓은 싱크대 밑 안쪽으로 깊이 들어가 먼지를 뒤집어 쓰는 바람에 눈병에 걸려 이삿짐을 풀자마자 동물병원에 방문해야 했 다. 싫어하던 이동장에 또 한 번 들어가게 되는 고생을 했지만, 걱정과 달리 막상 이사를 하고 얼마 되지 않아 전 집보다 더 편하게 집을 활보 했고, 털도 윤기가 잘잘 흐르고 표정도 좋아 보여 다행이었다.

그렇게 이사 온 지 일 년 반이 흐르고 솔릭이도 6~7살 노령묘가 되던 해 행동이 많이 느려지고 캣타워에서 내려오지 않고 특히 식사량이 줄어 서둘러 병원에 찾아갔다. 다행히도 건강에 문제는 없다고 해서 안심했으나, 다녀온 이후에도 행동은 똑같고 우울해 보였다. 나는 친구를 만들어줘야겠다 싶어 둘째를 입양하기로 결심했다.

어쩌다 보니 2021년 8월 3일 태풍 루핏이 발생하기 전 날 고양이를 입양하게 되었다. 그래서 첫째를 따라 둘째 이름은 루핏으로 지었다. 루핏은 노란색과 흰색 털이 조화롭게 어우러져 있고 호박색 눈과 코 양옆에 점처럼 보이는 노란 털이 매력적인 수컷 고양이다. 태어난 지 두 달이 됐을 무렵 우리 집에 왔다. 루핏이를 처음 본 날 솔릭이는 처음으로 하악질을 했다. 입양하고 처음 있는 일이었다. 처음에는 네가 하악질도 할 줄 아냐며 놀랐고, 괜히 솔릭이를 더 힘들게 한 건가 속상했다.

루핏이는 솔릭이와 정반대인 성격으로 MBTI로 따지면 E와 I성향을 가졌다. 아직 어려 세상 물정을 몰라서인지 눈으로 보는 모든 것을 궁금해하고 직접 만져보아야 적성이 풀리는 아이였다. 그리고 새로운 사람이 집에 놀러 오면 솔릭이는 바로 캣타워에 올라가 내려오지 않지만, 루핏이는 먼저 다가가 냄새를 맡고 이마를 비비고 배를 보여주며 뎅구르르 구르고는 온갖 관심을 다 가져가는 사랑받을 줄 아는 아이다. 집에 놀러 오는 사람들은 루핏이 사진을 남기기 위해 하나같이 다 휴대폰을 들고 있다. 그 모습이 웃기고 뿌듯해지는 집사다.

어느 날 루핏이가 대롱거리던 인터넷 선이 거슬렸는지 와그작 씹어 놓는 바람에 출근을 하지 못했고, 덕분에 하루를 푹 쉬었다. 또 솔릭이를 움직이는 큰 장난감으로 생각하는 듯했다. 솔릭이가 일어나서 걷기 시작하면, 동공은 커지고 몸을 낮춘 채 엉덩이를 들고 씰룩거리다가 잽싸게 달려가 덮쳤다. 이럴 때면 솔릭이는 놀라며 하악질을 하고, 루핏이는 굴하지 않은 채 툭툭 솜 방망이로 건드렸다가 도리어 맞기 일쑤였다. 데려오고 6개월 정도는 싸우는 소리로 조용할 날 없었지만 시간이 지나니 나 잡아봐라 놀이를 하며 같이 이리저리 뛰어다닌다. 그리고 사냥 놀이할 때도 양보를 하며 놀기 시작했다. 솔릭이도 루핏이 덕분에 활기를 찾아 귀여운 사고를 치곤 했다. 닫아놓은 화장실, 옷방 문 손잡이를 루핏이가 점프해서 당기면, 솔릭이는 이마로 문 틈새를 밀어 열어 놓고는 옷방에 있는 물건들을 하나씩 탐색하고 난장판을 만들어 놓기도 했다. 그걸 보고 짜증이 났지만 곧바로 웃음이 나오던 나였다. 그리고 우스갯소리로 괜히 태풍 이름으로 지어 조용할 날이 없는 거냐 말하기도 한다.

집 고양이의 수명은 해마다 늘어가고 있어 평균 15~20세라고 한다. 사람보다는 짧은 수명이라 떠날 때 같이 있어줄 수는 있을 것 같아서 그 점은 좋지만, 문득 이 아이들도 언젠가는 날 떠날 거고 평생 함께하지 못한다는 쓸데없는 상상에 슬퍼지기도 한다. 집에 사고뭉치 두 마리가 생겼지만, 루핏이를 데려오려 했던 본질적인 이유가 해결되어 좋고, 조용할 날이 없어 사람 사는 집 같아서 외롭지 않으니 좋다. 제일 큰 변화는 미소 짓게 되는 날이 많아졌다는 것이다.

만약에 태풍이들이 말을 할 수 있다면 얼마나 좋을까, 라는 생각을 종종 했다. 고양이는 아픈 걸 잘 숨기기 때문에 혹시 내가 모르고 지나칠까 걱정되고, 이번 묘생은 좋은 집사를 만나 다행이라고 말해줬으면 좋겠다. 그리고 그 말에 나도 수많은 고양이 중에 너희를 만나 다행이고 살아갈 이유가 되어줘서 고맙다고 전해주고 싶다.

이십 대 끝자락

나는 ESFJ, 살아오면서 다듬어진 내 성격이다. 극 현실적이고, 인간관계가 틀어지면 불면증에 시달릴 정도로 힘들어한다. 타인의 시선에 민감하고, 효율적이지 않거나 시간에 쫓기는 걸 싫어한다. 그래서 해야 할 일을 미루거나 나태한 사람과 맞지 않는다. 갑자기 연차를 쓸 때도 아무것도 안 하면 아까워서 없던 약속도 만든다. 나에겐 하루를 알차게 보내는 것이 바로 휴식이다. 그리고 모임 계획을 짜는 걸 좋아하는데 하나로 화합이 되면 너무 행복해진다. 일요일 하루는 에너지 충전을 핑계 삼아 집에 콕 박혀있는 날이 많지만, 다른 날은 대부분 밖에서 친구를 만나거나 여행을 즐기는 밖순이다. 그리고 올해 스물아홉이 됐다. 20대 중반부터 시간이 어떻게 흘렀는지도 모르게 지나갔다. 똑

같이 나이를 한 살 더 먹은 것일 뿐인데, 이십 대가 끝이라고 하니 이 대로 보내면 안 될 것 같았다. 친구들을 보면 유독 내가 유난스러운 것 같아 민망할 때도 있지만 말이다.

한 직장을 다닌 지는 어느덧 6년이 흘렀다. 매년 올해까지 다니고 그만두겠다고 다짐하던 나였는데, 지금 생각해 보면 어떤 날은 힘들었 다가 또 좋았다가 그러다 보니 지금까지 버텨졌던 것 같다. 인천으로 이사를 오고 왕복 2시간 30분으로 회사와 멀어졌고, 큰 사건으로 18년 지기 친구와 멀어지기도 했었고 반복되는 일이지만 잦은 실수를 하는 나 자신이 한심해 잠 못 이루는 날도 많았다. 그래도 이 회사를 다니며 입사 2년 차에 주임도 달고, 내 반쪽도 만났다. 누군가를 만나면서 이 사람에게는 내 평생을 맡겨도 후회 없겠다. 생각이 든 사람이 없었는 데 유일했다. 그리고 날 진심으로 생각해주는 상사 겸 친구도 만났다.

6년 중 2년은 코로나로 인해 재택근무로 전환되었다. 처음에는 이 회사가 지겹고 지쳐 있을 때라 생기를 되찾는 계기이기도 했다. 또 출 퇴근을 안 해도 되니 수면시간은 늘고 교통비, 식비가 줄어 좋았다.

하지만 집에만 있어서 그런지 며칠이면 지나가던 무기력과 우울이 유독 오래 간 적이 있었다. 친구들에게 말을 해도 "엥? 네가?"라며 대수롭지 않게 얘기했다. 이해한다. 왜냐하면 나 또한 금방 지나갈 소나기라 생각했었다.

쉽게 여겼던 것과는 달리 어느 날 사무실에 출근했다가 숨쉬기가 힘들어 반차를 쓰기도 했고, 지하철에서는 비 오듯 식은땀이 흘러 휴지를 챙겨 다닌 적도 있다. 그리고 누군가 밖에서 자물쇠를 채워둔 것 마냥 집에 틀어박혀 있었다. 그러다 도저히 이렇게 살면 안 되겠다 싶어 정신병원에 찾아갔다. 우울증 판정을 받고 2주 정도는 약을 먹으며 지냈다. 다시 내원 날짜를 잡았지만 비용도 너무 비싸고 약을 먹으니 괜찮아지는 것 같아 가지 않았다. 그리고 한 달 후에야 다시 방문했다. 의사는 왜 그동안 오지 않았냐며, 본인이 인지했을 때 꾸준히 다녀야 한다. 그리고 꼭 해야 하는 일을 미루고 귀찮아하는 것도 좋지 않다고 했다. 또 오기가 힘들어진다면 외출을 굳이 하지 않더라도 집에서 하루에 한 번 간단한 것도 좋으니 해야 할 일을 만들어 실천해보라고 했다. 예를 들어 이불 빨래하기, 책상 치우기, 옷 정리하기 등등 간단한 일들이었다. 의사 말을 새기고 집에 와보니 빨래를 안 한지 이주일이 넘은 걸 깨달았다. 결심한 듯 대청소를 시작했다.

이런 나에게 진심 어린 조언을 해주는 친구들도 있었는데 과거일 뿐이고 너 인생이니 너만 생각하며 쉽게 살라고 했다. 들을 땐 충분히 그렇게 살 수 있을 것 같았지만 정작 나는 어떻게 이 굴레를 끝내고 새롭게 시작해야 하는 건지 도무지 갈피가 서지 않았다. 그러니 조언도 들기 싫어졌다.

　슬픈 일이 있을 때 신나는 노래를 듣고 이겨내는 사람이 있는 반면 나는 슬픈 노래를 듣고 흘려보내는 사람 중 한 명이다. 위로도 이겨내는 방법도 사람마다 다 다른 것 같다. 난 내가 나에게 보내는 신호라 생각하고 지나치지 않기로 했다. 모르고 지나치고, 알면서도 무시했던 내 마음이 이렇게 힘들어하고 있을지 몰랐다.

　지금부터라도 내가 좋아하는 게 무엇인지, 하고 싶은 게 있는지, 나에게 행복은 무엇인지 온전히 나를 위해 생각해 보기로 했다. 몇 명의 친구와 태풍이들, 고모, 여행, 그리고 간절히 휴식이 필요했다. 20대가 얼마 남지 않았다는 게 아쉬웠고, 그동안 시간, 체력 등 온갖 핑계로 미루었던 여행도 다니고, 내 감정을 무시한 채 살아야 하니 살아왔던 과거들도 청산하고 싶었다.

　일단 고모를 찾아가 오랜만에 집 밥을 먹었다. 고모는 몰랐겠지만 눈물을 참으며 두 그릇을 삼키듯이 먹었다. 음식 때문은 아니라 이 당시 홀로 벼랑 끝에 서있는 기분이었는데 아무 이유 없이 찾아갈 곳이 있고 정겨움이 느껴져 좋았던 것 같다. 식사를 마친 후 내 상태를 알렸다. 고모는 놀랐는지 눈을 동그랗게 뜨고 눈시울을 붉혔다. 이때부터 고모와 솔직한 대화를 나눴다. 정작 아빠, 동생과 함께 얘기를 못하지만 고모랑은 그땐 그랬었지 하며 용서도 하고 싶었고 오해도 풀고 싶었다.

  고모는 본인이 생각하기에, 잘못했는데 잘못을 인정하지 않으면 말
대꾸를 한다고 생각했다. 그래서 화를 못 이겨 종종 때린 적이 있었다.
제일 기억에 남는 사건은 중학교 2학년, 고모가 같은 이유로 나를 발
로 밟고 이러다 내가 죽는구나 싶게 때렸던 날이 있었다. 그때 얘기를
꺼내니 그 당시 고모는 내가 한 말에 놀랐다고 했다. 아무렇지 않은 표
정으로 "다 때렸어?"라고 말하고는 방에서 나갔다 했다. 그 상황에 맞
기 싫다고 고모를 때릴 수도 없었고, 어차피 아빠나 고모, 동생 모두
화가 풀릴 때까지 때리거나 물건 정도는 부숴야 그만하는 사람들이라
는 걸 알아서 가만히 맞고 있었던 거였다. 때리는 게 멈추자 다 때렸냐
고 물었고 바로 집 밖으로 나가 친구들을 만나고 나서야 울음이 터졌
던 기억이 있다고 말했다. 폭력은 정당화될 수 없다. 말을 하지 않았어
도 고모의 눈빛만으로 미안함이 전달됐다.

  그리고 고모는 결혼하게 된 이유를 털어놓았다. "너랑 동생 너희 아
빠 모두 나를 투명인간 취급했어. 그래서 나는 나온 거야"라고 했다.
우리는 남들이 말하는 화목한 가족이 아니었기에 항상 부딪쳤다. 고모
는 여유가 없다며 생활비를 주지 않는 아빠와 마찰이 생겼고, 예민해
진 고모를 우리가 다 감당했어야 했다. 집에 있는 내내 혼나기만 한 것
같다. 그러니 좋은 아빠는 아니었으나, 주말에만 보면 되는 아빠보다
매일 보고 부딪혀야 하는 고모가 더 힘들었다. 고모 말만 듣고 주말에

우리를 혼내는 아빠한테 억울하다며 상황을 말했고 원래는 작은방에서 고모와 함께 생활했지만 그 이후로는 안방에서 생활을 했다.

고3 학교 끝나고 집을 왔더니 이삿짐이 쌓여있었고, 집을 나간다며 일방적으로 통보하는 고모가 밉기만 했는데 혼자인 것 같아 나갔다는 고모 이야기를 들으니 그럴 수 있었겠다 생각했다. 그리고 왜 휴대폰에 최마녀라 저장했냐는 물음에 초등학교 때 예능 프로그램에서 마녀라는 캐릭터가 있었는데 고모 표정과 말투가 비슷해 장난 반 진담 반으로 부르고 생각한 게 익숙해져 저장했다고 말하고는 최엔젤로 바꿔주겠다며 웃었다. 그리고 어렵게 말을 이어갔다. "나는… 내가 어렸을 때 서른이 많은 나이인지 알았는데… 막상 내가 그 나이쯤 돼보니 너무 어린 나이더라고.. 고모도 어렸고 나는 더 어렸고 미숙했던 거야. 그리고 고모 자식도 아닌데 많이 힘들었을 거야"라고 했다. 서로 상처받고 상처 주고 많은 일들이 있었지만 그럼에도 고모라는 존재가 있어 나에게는 너무 다행이었다.

그리고 나는 여행을 다니기 시작했다. 결심하고 나서는 이래도 되나 싶을 정도로 매주 떠났던 것 같다. 원래는 여행을 간다고 하면 급 떠나기보다는 특별한 날에 계획들을 철저히 세워 떠나는 편이었는데, 뚜벅이 당일치기로 생각을 전환하니 여행이 쉬워졌다. 집에 있는 고양이들 걱정도 되지 않았고, 아까운 내 연차도 쓰지 않아도 됐다. 대부분 토요일 아침에 출발해 저녁밥을 먹고 집에 돌아왔다. 짧은 시간이라 아쉬움이 있었지만 그래서 또 떠나게 되는 것 같다.

　내 인생의 전환점이 된다면 더 좋을 것 같다고 생각하며 여행을 시작했는데, 생각이 정리됐거나 현실적인 문제들이 해결된 건 사실 없고, 힘들고 지친 일들을 잊고 우리나라가 이렇게 예뻤냐며 여행이 마냥 즐거웠다. 그래도 여행을 하면서 얻은 게 있다면 새로운 관심사들이 생겼다. 자연스레 사진에 욕심이 생겨 블로그 수입으로 카메라도 샀다. 그리고 국내 이곳저곳 명소들을 알아가는데 재미도 생겼다. 또 추억들을 블로그에 기록하기 시작했고, 꾸준히 적다 보니 어느새 여행 인플루언서가 되어있었다. 내 이름 '다솜'이라는 뜻은 순우리말로 '사랑'이라는 뜻이다. 그래서 다솜하다. 다솜해를 입에 달고 살다 보니 닉네임도 자연스레 '닷옴해'로 지었다.

　취미로 시작했던 블로그가 또 다른 일이 되었을 때쯤 인플루언서라는 타이틀을 달고 싶어서 더 열심히 여행 다니고, 글을 써 내려갔던 것 같다. 누구나 될 수 있지만, 쉽게 얻을 수 있는 건 아니라는 걸 알기에 자부심을 느낀다. 그리고 내가 생각했던 거와는 다른 부분에 변화를 줬지만 다음 여행에서는 해답이 있을지 모르니 난 계속 여행을 떠나보려 한다.

　그리고 친구들은 매주 여행을 다니는 내가 신기한지 어떻게 당일치기로 여행을 가느냐고, 힘들지 않냐며 부럽다고 말을 한다. 그럼 나는 너네도 떠나보라며 처음이 어렵다고 얘기를 해주고 있다. 여행이라는 것이 휴식으로만 표현되는 건 아닌 것 같다. 똑같은 여행이 누군가에게는 좋을 수도 있고 나쁠 수도 있다. 어떤 감정이든 느끼려면 일단 떠나봐야 한다. 생각이 났을 때 무작정 떠나보는 것도 필요하다. "맨날 여행 가고 싶다." 말만 하고 떠나지 않았던 내가 해줄 수 있는 말은 아직 여기까지인 것 같다.

그리고 최근에 충주 여행을 하면서 떠올랐던 말이 있다. 내가 좋아하는 가수가 동료를 떠나보내며 한 말인데 "힘든 세상 정나미가 떨어질 때가 있어도 사람은 사람끼리 사랑하며 살아갔으면 좋겠어요"라는 말이다.

충주 여행에서 잔잔한 충주호를 바라보며 라면을 먹을 수 있다는 카페 '게으른 악어' 근처에 위치한 '악어봉'을 다녀왔다.

악어봉은 아직 정비가 되지 않은 산행길이라 나 같은 초보에게는 힘든 코스였다. 미리 정보도 알아보지 않고 가는 바람에 우리 모두 크록스 신발을 신고 물도 안 챙긴 채 15분이면 도착할 거라며 착각하고 올라갔다. 하지만 정상에 오르기까지 1시간 정도 소요됐다. 나는 발목도 삐고, 넘어지기도 하고 어느 구간은 경사가 높아서 도저히 못 갈 것 같아 털썩 주저앉기도 하고 눈물이 왈칵 났던 기억이 있다. 그래도 힘들게 올라가서 본 정상은 날씨가 좋지 않았음에도 불구하고 파란 충주호와 악어 모양의 초록색 산자락, 월악산 능선까지 풍경이 너무 아름다웠다. 왜 SNS인생샷 명소로 유명한지 알 것 같았다.

예쁜 거는 예쁜 거고 다시 현실로 돌아왔다. 다시 험한 길을 내려갈 생각을 하니 까마득했다. 그리고 목이 탔다. "와 목마르다"라고 한 말을 들었는지 한 등산객이 얼음물을 건네줬다. 너무 감사하다며 받으면서 천사가 있다면 이분일까 싶었다. 하산할 용기가 나지 않았었는데 물 한 병으로 힘이 났다. 내려가서 만나게 된다면 커피 한 잔 꼭 사드려야지, 만나지 못하면 나도 물 한 병이 필요한 사람에게 꼭 건네줘야지, 이렇게 돕고 살아야 한다며 세상 참 살만하다며 난리를 치며 하산했던 기억이 있다. 친구들도 길이 너무 험했다며 나중은 없겠지만 나중에는 꼭 운동화와 편한 복장으로 올라가자며 웃으며 말했다. 그리고 내려와 라면을 먹겠다던 우리는 계획보다 오래 걸려 시원한 음료로 갈증을 해소하고 잠시 쉬었다가 바로 다음 장소로 이동했다.

여행을 하며 이런저런 많은 일을 겪는다. 마냥 기분이 즐거울 때도 있지만, 힘이 들 때도 있고 그러면서 깨달음을 얻을 때도 있다. 한 가지에 몰두한다는 건 참 좋은 일인 것 같다. 일이든 취미든 사랑이든 집중할 때 제일 빛나는 것임을 깨닫는다. 그리고 모두 나 혼자는 할 수 없다. 아까 말대로 험난한 세상 힘들고 지칠 때가 오더라도 사람과 사람끼리는 더불어 살았으면 좋겠다.

나를 사랑해 주고, 내가 지켜야 하는 존재들이 있다. 지금까지는 그 존재들이 살아가는 이유였다면, 이젠 나 자체만으로 살아가고 싶다.

이기심이 아니라 나를 아낄 줄 아는 내가 되어가는 과정이라 생각한
다. 그리고 살다 보면 분명 무기력함과 우울감이 다시 찾아올 때도 있
을 거다. 그렇지만 지금처럼 **충분히 아프다가 또 지나갈 것도 안다**. 잘
아프고 잘 견뎌내며 무뎌지는 것이 아닌 단단한 내가 되었으면 좋겠
다. 앞으로 나의 삼십 대를 응원한다. 파이팅!

궤도 밖으로

발행 2022년 9월 20일
지은이 김혜정, 신정환, 이주영, 정현, 호랭이, 송민석, 정현두, 최다솜
라이팅리더 정성우
디자인 윤소정
펴낸이 정원우
펴낸곳 글ego
출판등록 2019.06.21 (제2019-000227호)
주소 서울특별시 강남구 테헤란로216, 12층 A40호
이메일 writing4ego@gmail.com
홈페이지 http://egowriting.com
인스타그램 @egowriting

ISBN 979-11-6666-172-3